Findefix

Wörterbuch

für die Grundschule

mit vereinfachter Ausgangsschrift

erarbeitet von

Sandra Duscher
Mascha Kleinschmidt-Bräutigam
Margret Kolbe
Dirk Menzel
Anja Wildemann

auf der Grundlage der Ausgabe von

Johann Fackelmann
Robert Müller
Klaus Patho
Susanne Patho

Oldenbourg

Impressum

Redaktion: Bea Herrmann
Illustration: Karsten Teich, Eva Muszynski
Umschlagkonzept: Mendell & Oberer, München
Umschlaggestaltung und Layoutkonzept: grundmanngestaltung, Karlsruhe
Layout und technische Umsetzung: grundmanngestaltung, Karlsruhe
und le-tex publishing services GmbH, Leipzig

www.cornelsen.de

Dieses Werk berücksichtigt die Regeln der reformierten Rechtschreibung und
Zeichensetzung. Ausnahmen bilden Originaltexte, bei denen lizenzrechtliche
Gründe einer Änderung entgegenstehen.

Im Bildwörterbuch Fremdsprachen (S.250–271) unterstrichene Wörter gehören
zum Verbindlichen Wortschatz Englisch der Grundschule in Bayern.

3. Auflage, 10. Druck 2025
Alle Drucke dieser Auflage sind inhaltlich unverändert und können im
Unterricht nebeneinander verwendet werden.

© 2012 Oldenbourg Schulbuchverlag GmbH, München
© 2017 Cornelsen Verlag GmbH, Mecklenburgische Str. 53, 14197 Berlin,
E-Mail: service@cornelsen.de

Druck: ppm Fulda GmbH & Co. KG, Fulda

ISBN 978-3-637-01334-6

PEFC-zertifiziert

Dieses Produkt stammt
aus nachhaltig
bewirtschafteten Wäldern,
Recycling und
kontrollierten Quellen

PEFC

PEFC/04-31-1308   www.pefc.de

10 Benutzerhinweise zum Ersten Wörterverzeichnis

ABC-Leiste: Du findest auf jeder Seite Stichwörter, die mit dem Buchstaben beginnen, der in dieser Leiste dick hervorgehoben ist.

Schreibschrift

A	ab – ap

Aa

ab

der **Abend**, die Abende

• **aber**

acht

all**e**, alles

als

als**o**

alt, älter

am

die **Amei**s**e**, die Ameisen

die **Am**p**el**, die Ampeln

an

die **Ang**s**t**

• **ant**wor**ten**, er antwortet

der **Ap**f**el**, die Äpfel

ab
Abend
aber
acht
alle
als
also
alt
am
Ameise
Ampel
an
Angst
antworten
Apfel

10

Druckschrift

An den unterschiedlichen Farben erkennst du die Stellen, an denen du trennen kannst.

Silbenbögen

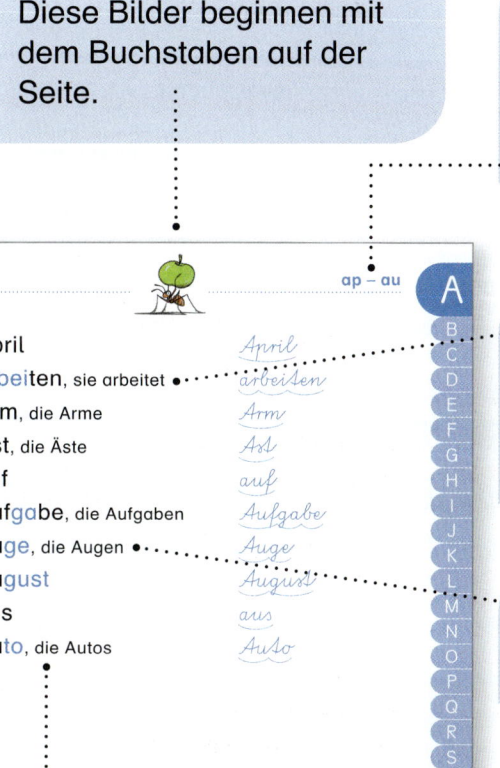

Diese Bilder beginnen mit dem Buchstaben auf der Seite.

Hier wird dir angegeben, mit welchen Buchstaben das erste und das letzte Stichwort auf der Seite beginnen.

Bei einem Verb ist hinter der Grundform die 3. Person Einzahl angegeben.

Vor einem Nomen steht der bestimmte Artikel.

Bei einem Nomen sind immer Einzahl und Mehrzahl angegeben.

ap – au

A
B
C
D
E
F
G
H
I
J
K
L
M
N
O
P
Q
R
S
T
U
V
W
X
Y
Z

der April · *April*
arbeiten, sie arbeitet ● · · · · · · · *arbeiten*
der Arm, die Arme · *Arm*
der Ast, die Äste · *Ast*
auf · *auf*
die Aufgabe, die Aufgaben · · · · · · · · · *Aufgabe*
das Auge, die Augen ● · · · · · · · · · · · · · · · · *Auge*
der August · *August*
aus · *aus*
das Auto, die Autos · *Auto*

11

So lernst du das ABC

Das Wörterbuch hilft dir, schwierige Wörter richtig zu schreiben. Damit du ein Wort schnell finden kannst, sind die Wörter nach dem ABC geordnet. Du musst also zuerst das ABC kennen, dann kannst du schnell in einem Wörterbuch nachschlagen. Die folgenden Spiele und Übungen helfen dir, das ABC zu lernen.

Im Wörterbuch sind die Wörter nach dem ABC geordnet.

1. Lies das ABC und sprich die blauen Buchstaben lauter. Du kannst zu den blauen Buchstaben auch klatschen, klopfen oder mit den Fingern schnippen.

A	B	C	D
E	F	G	H
I	J	K	L
M	N	O	P
Q	R	S	T
U	V	W	
X	Y	Z	

2. Führe dein ABC mit Klatschen, Klopfen oder Fingerschnippen jemandem vor.

3. Starte bei einem der folgenden Buchstaben und sprich das ABC zu Ende.

   H …, G …, Q …, P …, L …, U …, E …, S …, J …, C …

4. Lies das ABC. Sprich die fehlenden Buchstaben mit.

   A B ■ D E F ■ H I ■ K ■ M N O ■ Q R ■ T ■ V W ■ Y Z

5. Schreibe für ein anderes Kind ein Lücken-ABC in großen oder kleinen Buchstaben.

6

6. Löse die beiden ABC-Rätsel. Es hilft dir, wenn du einen Teil des ABC dazu aufsagst:

 Ich bin das H.
Wer steht hinter mir?

 Ich bin das M.
Wer steht vor mir?

7. Stelle einem Freund oder einer Freundin solche ABC-Rätsel. Schreibe sie so auf:

P ■　　C ■　　I ■
■ X　　■ T　　■ F

8. Sicher schaffst du auch zwei Buchstaben danach und zwei davor.

Q ■■ M ■■
G ■■ U ■■

■■ E ■■ O
■■ J ■■ N

9. Im Wörterbuch sind Wörter nach dem ABC geordnet. Dazu musst du auf den 1. Buchstaben achten.

Ordne die Namen nach dem ABC, schreibe sie in der richtigen Reihenfolge auf:

Linda • **E**mre • **J**ulian • **T**om • **B**ahar • **I**gor • **A**nisa • **P**aula

Anisa, …

10. Schaue dich nun im Klassenzimmer oder deinem Kinderzimmer um und mache eine ABC-Liste mit den Gegenständen darin. Zu manchen Buchstaben findest du wahrscheinlich nichts. Lasse einfach eine Lücke. Du kannst auch mehrere Dinge zu einem Buchstaben schreiben.

A	Abfalleimer
B	Bücher
C	
D	
E	
…	

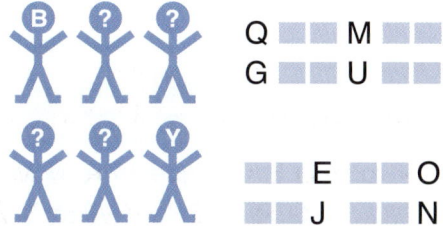

So lernst du im Wörterbuch nachschlagen

Schaue dir zuerst die Seiten 4 und 5 an. Dort wird erklärt, was du auf den Seiten im blauen Teil findest und wie die Zeichen und Bilder dir beim Suchen helfen.

1. Nimm das geschlossene Wörterbuch in die Hand. Blättere wie bei einem Daumenkino den blauen Teil durch. Der große Buchstabe am Rand zeigt an, mit welchem Buchstaben die Wörter auf dieser Seite beginnen.

2. Auf welcher Seite stehen im blauen Teil Wörter, die mit einem O, G, V, R, I, U beginnen?

   Schreibe so auf:
   O → Seite 34, …

3. In einer Zoogeschichte musst du Tiernamen schreiben. Das Wörterbuch hilft dir, sie richtig zu schreiben. Suche die Namen dieser

Tiere und schreibe sie aus dem Findefix ab:

4. Wochentage und Monatsnamen musst du oft schreiben. Suche sie im blauen Teil und schreibe so:

   Montag → Seite 31,
   Dienstag → Seite …

   Januar → Seite 26,
   Februar → Seite …

5. Beim Schreiben über die Ferien oder die Schule brauchst du Wörter, die erzählen, was jemand tut. Schreibe Verben auf, die so anfangen.

   **sp · fa · ba · re · fr · ge ·
   ar · es · he · tu · ko · la**

6. Im blauen Teil stehen nicht alle Wörter. Welche dieser Wörter findest du dort nicht? Schreibe sie auf.

acht • Hai • immer • malen • kaputt • Name • Zimmer • Klasse • fragen • schleudern

7. Die Mehrzahl der Nomen findest du hinter der Einzahl. Suche diese Wörter im blauen Teil:

Männer • Wege • Gärten • Autos • Vögel • Schuhe • Nächte • Zwiebeln • Häuser

Schreibe so:
die Männer → der Mann, Seite 30, …

8. Wenn Wörter mit dem gleichen Buchstaben anfangen, hilft dir der zweite Buchstabe, das Wort zu finden. Suche das erste Wort im Findefix, das so anfängt. Schreibe auf.

tr • En • st • Ne • wo • Ap

9. **Apfel • Ampel • Ast • Abend • Auto • Ananas • Arm • Alarm • Affe**

Schreibe die Liste zu Ende. Ordne die Wörter deiner Liste zu.

A **a**
A **b** end
A **c**
A **d**
A **e**
A **f** fe
A **g**
A **h**

> Wörter, die mit dem gleichen Buchstaben anfangen, werden nach dem zweiten Buchstaben nach dem ABC geordnet.

10. Suche selbst vier Wörter, die mit dem gleichen Buchstaben anfangen. Dein Partnerkind kann sie ordnen.

11. **Esel • Ente • Efeu • Elefant • Eber • Eis • Emu • Eule • Erde • Ecke**

Schreibe nun eine Liste für diese E-Wörter. Schreibe wieder wie in Aufgabe 5 und achte auf den 2. Buchstaben.

A

B C D E F G H I J K L M N O P Q R S T U V W X Y Z

ab — *ab*

der **Abend**, die Abende — *Abend*

aber — *aber*

acht — *acht*

alle, alles — *alle*

als — *als*

al**so** — *also*

alt, älter — *alt*

am — *am*

die **Ameise**, die Ameisen — *Ameise*

die **Ampel**, die Ampeln — *Ampel*

an — *an*

die **Angst**, die Ängste — *Angst*

an**tworten**, er antwortet — *antworten*

der **Apfel**, die Äpfel — *Apfel*

10

der **April**

 arbei**ten**, sie arbeitet

der **Arm**, die Arme

der **Ast**, die Äste

 auf

die **Auf**ga**be**, die Aufgaben

das **Au**ge, die Augen

der **Au**gust

 aus

das **Au**to, die Autos

	April
	arbeiten
	Arm
	Ast
	auf
	Aufgabe
	Auge
	August
	aus
	Auto

Bb

das **Ba**by, die Babys — *Baby*

backen, er backt — *backen*

baden, er badet — *baden*

der **Ball**, die Bälle — *Ball*

die **Ba**na**ne**, die Bananen — *Banane*

die **Bank**, die Bänke — *Bank*

der **Bär**, die Bären — *Bär*

der **Bauch**, die Bäuche — *Bauch*

bauen, sie baut — *bauen*

der **Baum**, die Bäume — *Baum*

bei — *bei*

das **Bein**, die Beine — *Bein*

beißen, sie beißt — *beißen*

bewe**gen**, er bewegt — *bewegen*

bezah**len**, sie bezahlt — *bezahlen*

die **Bie**ne, die Bienen   *Biene*

das **Bild**, die Bilder   *Bild*

bin   *bin*

die **Bir**ne, die Birnen   *Birne*

bis   *bis*

bist   *bist*

bitten, er bittet   *bitten*

das **Blatt**, die Blätter   *Blatt*

blau   *blau*

bleiben, sie bleibt   *bleiben*

blühen, es blüht   *blühen*

die **Blu**me, die Blumen   *Blume*

die **Blü**te, die Blüten   *Blüte*

der **Bo**den, die Böden   *Boden*

böse   *böse*

brauchen, sie braucht   *brauchen*

braun   *braun*

A B C D E F G H I J K L M N O P Q R S T U V W X Y Z

der **Brief**, die Briefe

   bringen, er bringt

das **Brot**, die Brote

das **Brötchen**, die Brötchen

der **Bruder**, die Brüder

der **Bub**, die Buben

das **Buch**, die Bücher

   bunt

der **Busch**, die Büsche

Brief

bringen

Brot

Brötchen

Bruder

Bub

Buch

bunt

Busch

Cc

der **Cent**, die Cents — *Cent*

der **Christbaum**, — *Christbaum*

  die Christbäume

das **Christkind** — *Christkind*

der **Clown**, die Clowns — *Clown*

der **Computer**, die Computer — *Computer*

A B C D E F G H I J K L M N O P Q R S T U V W X Y Z

Dd

da	*da*
dan**ken**, er dankt	*danken*
dann	*dann*
das	*das*
dass	*dass*
dein, deine, deiner	*dein*
dem	*dem*
den	*den*
den**ken**, sie denkt	*denken*
denn	*denn*
der	*der*
des	*des*
der De**zem**ber	*Dezember*
dich	*dich*
dick	*dick*

die   *die*

der **Dienstag**, die Dienstage   *Dienstag*

diese, dieser, dieses   *diese*

der **Dinosaurier**,   *Dinosaurier*

     die Dinosaurier

dir   *dir*

doch   *doch*

der **Donnerstag**,   *Donnerstag*

     die Donnerstage

die **Dose**, die Dosen   *Dose*

drei   *drei*

du   *du*

dunkel   *dunkel*

durch   *durch*

dürfen, er darf   *dürfen*

der **Durst**   *Durst*

die **Dusche**, die Duschen   *Dusche*

A B C **D** E F G H I J K L M N O P Q R S T U V W X Y Z

Ee

das **Ei**, die Eier — *Ei*

ein, eine, einer — *ein*

eins — *eins*

das **Eis** — *Eis*

der **Elefant**, die Elefanten — *Elefant*

elf — *elf*

die **Eltern** — *Eltern*

das **Ende**, die Enden — *Ende*

eng — *eng*

die **Ente**, die Enten — *Ente*

er — *er*

die **Erde** — *Erde*

erzählen, er erzählt — *erzählen*

es — *es*

der **Esel**, die Esel — *Esel*

essen, sie isst   *essen*

euch   *euch*

euer, eure   *euer*

die Eule, die Eulen   *Eule*

der Euro, die Euros   *Euro*

F f

fah**r**en, er fährt — *fahren*

fal**l**en, er fällt — *fallen*

die Fa**mi**lie, die Familien — *Familie*

fan**g**en, sie fängt — *fangen*

der Fe**bru**ar — *Februar*

die Fe**d**er, die Federn — *Feder*

fein — *fein*

das Fel**d**, die Felder — *Feld*

das Fens**te**r, die Fenster — *Fenster*

die Fe**ri**en — *Ferien*

fin**d**en, er findet — *finden*

der Fin**g**er, die Finger — *Finger*

flie**g**en, sie fliegt — *fliegen*

der Flü**gel**, die Flügel — *Flügel*

flüs**s**ig — *flüssig*

fra**gen**, er fragt — *fragen*

die **Frau**, die Frauen — *Frau*

der **Frei**tag, die Freitage — *Freitag*

fremd — *fremd*

fres**sen**, es frisst — *fressen*

sich **freu**en, sie freut sich — *freuen*

der **Freund**, die Freunde — *Freund*

die **Freund**in, die Freundinnen — *Freundin*

frisch — *frisch*

die **Frucht**, die Früchte — *Frucht*

der **Früh**ling, die Frühlinge — *Frühling*

der **Fuchs**, die Füchse — *Fuchs*

fül**len**, er füllt — *füllen*

der **Fül**ler, die Füller — *Füller*

fünf — *fünf*

für — *für*

der **Fuß**, die Füße — *Fuß*

A B C D E **F** G H I J K L M N O P Q R S T U V W X Y Z

Gg

die **Ga**bel, die Gabeln	*Gabel*
ganz, ganze, ganzer	*ganz*
der **Gar**ten, die Gärten	*Garten*
geben, er gibt	*geben*
gehen, sie geht	*gehen*
gelb	*gelb*
das **Geld**	*Geld*
das **Ge**müse	*Gemüse*
gestern	*gestern*
gesund	*gesund*
die **Gi**raffe, die Giraffen	*Giraffe*
das **Gras**, die Gräser	*Gras*
groß, größer	*groß*
grün	*grün*
gut	*gut*

Hh

das **Haar**, die Haare — *Haar*

haben, er hat — *haben*

der **Hai**, die Haie — *Hai*

der **Hals**, die Hälse — *Hals*

halten, sie hält — *halten*

die **Hand**, die Hände — *Hand*

hart, härter — *hart*

der **Ha**se, die Hasen — *Hase*

das **Haus**, die Häuser — *Haus*

die **He**cke, die Hecken — *Hecke*

heiß — *heiß*

heißen, er heißt — *heißen*

helfen, sie hilft — *helfen*

hell — *hell*

das **Hemd**, die Hemden — *Hemd*

A B C D E F G **H** I J K L M N O P Q R S T U V W X Y Z

her	*her*
der **Herbst**, die Herbste	*Herbst*
der **Herr**, die Herren	*Herr*
heute	*heute*
die **Hexe**, die Hexen	*Hexe*
hier	*hier*
der **Himmel**	*Himmel*
hin	*hin*
hinter	*hinter*
hoch	*hoch*
holen, sie holt	*holen*
hören, er hört	*hören*
die **Hose**, die Hosen	*Hose*
das **Huhn**, die Hühner	*Huhn*
der **Hund**, die Hunde	*Hund*
hundert	*hundert*
der **Hun**ger	*Hunger*

ich · *ich*

der **Igel**, die Igel · *Igel*

ihm · *ihm*

ihn, ihnen · *ihn*

ihr, ihre · *ihr*

im · *im*

im**mer** · *immer*

in · *in*

der **In**di**a**ner, die Indianer · *Indianer*

ins · *ins*

ist · *ist*

J j

ja — *ja*

die **Jacht**, die Jachten — *Jacht*

der **Jaguar**, die Jaguare — *Jaguar*

das **Jahr**, die Jahre — *Jahr*

der **Januar** — *Januar*

jede, jeder, jedes — *jede*

jemand — *jemand*

jetzt — *jetzt*

das **Jo-Jo**, die Jo-Jos — *Jo-Jo*

der **Juli** — *Juli*

jung, jünger — *jung*

der **Junge**, die Jungen — *Junge*

der **Juni** — *Juni*

Kk

der **Kä**fer, die Käfer — *Käfer*

der **Kai**ser, die Kaiser — *Kaiser*

der **Ka**len**der**, die Kalender — *Kalender*

kalt, kälter — *kalt*

die **Käl**te — *Kälte*

die **Kar**tof**fel**, die Kartoffeln — *Kartoffel*

die **Kat**ze, die Katzen — *Katze*

kaufen, sie kauft — *kaufen*

kein, keine, keiner — *kein*

das **Kind**, die Kinder — *Kind*

die **Kis**te, die Kisten — *Kiste*

die **Klas**se, die Klassen — *Klasse*

das **Kleid**, die Kleider — *Kleid*

klein — *klein*

kochen, er kocht — *kochen*

der **Koffer**, die Koffer   *Koffer*

kommen, sie kommt   *kommen*

können, er kann   *können*

der **Kopf**, die Köpfe   *Kopf*

der **Körper**, die Körper   *Körper*

kosten, es kostet   *kosten*

krank   *krank*

das **Kraut**, die Kräuter   *Kraut*

die **Kuh**, die Kühe   *Kuh*

Ll

laufen, er läuft	*laufen*
laut	*laut*
leben, sie lebt	*leben*
legen, er legt	*legen*
leicht	*leicht*
leise	*leise*
lernen, sie lernt	*lernen*
lesen, er liest	*lesen*
die **Leu**te	*Leute*
das **Le**xikon	*Lexikon*
lieb	*lieb*
lieben, sie liebt	*lieben*
liegen, er liegt	*liegen*
der **Lö**we, die Löwen	*Löwe*
der **Luchs**, die Luchse	*Luchs*

Mm

machen, er macht — *machen*

das **Mäd**chen, die Mädchen — *Mädchen*

der **Mai** — *Mai*

malen, sie malt — *malen*

man — *man*

der **Mann**, die Männer — *Mann*

der **März** — *März*

die **Maus**, die Mäuse — *Maus*

mein, meine, meiner — *mein*

mich — *mich*

die **Mi**n**u**te, die Minuten — *Minute*

mir — *mir*

mit — *mit*

der **Mitt**woch, die Mittwoche — *Mittwoch*

der **Mo**n**a**t, die Monate — *Monat*

der **Mond**, die Monde   *Mond*

der **Mon**tag, die Montage   *Montag*

morgen   *morgen*

der **Mund**, die Münder   *Mund*

müssen, er muss   *müssen*

die **Mut**ter, die Mütter   *Mutter*

A
B
C
D
E
F
G
H
I
J
K
L
M
N
O
P
Q
R
S
T
U
V
W
X
Y
Z

Nn

nach	*nach*
die **Nacht**, die Nächte	*Nacht*
die **Nadel**, die Nadeln	*Nadel*
der **Name**, die Namen	*Name*
die **Nase**, die Nasen	*Nase*
das **Nashorn**, die Nashörner	*Nashorn*
nass	*nass*
der **Nebel**	*Nebel*
nehmen, sie nimmt	*nehmen*
nein	*nein*
das **Nest**, die Nester	*Nest*
neu	*neu*
neun	*neun*
neunzig	*neunzig*
nicht	*nicht*

nichts   *nichts*

nie   *nie*

der November   *November*

nun   *nun*

nur   *nur*

A
B
C
D
E
F
G
H
I
J
K
L
M
N
O
P
Q
R
S
T
U
V
W
X
Y
Z

Oo

ob — *ob*

oben — *oben*

das Obst — *Obst*

oder — *oder*

offen — *offen*

oft — *oft*

das Ohr, die Ohren — *Ohr*

der Oktober — *Oktober*

die Oma, die Omas — *Oma*

der Onkel, die Onkel — *Onkel*

der Opa, die Opas — *Opa*

der Osterhase, die Osterhasen — *Osterhase*

Ostern — *Ostern*

Pp

das **Pa**pier, die Papiere — *Papier*

der **Part**ner, die Partner — *Partner*

die **Part**nerin, die Partnerinnen — *Partnerin*

die **Pau**se, die Pausen — *Pause*

das **Pferd**, die Pferde — *Pferd*

die **Pflan**ze, die Pflanzen — *Pflanze*

pflanzen, er pflanzt — *pflanzen*

der **Pin**sel, die Pinsel — *Pinsel*

der **Pi**rat, die Piraten — *Pirat*

die **Piz**za, die Pizzas — *Pizza*

der **Platz**, die Plätze — *Platz*

die **Pom**mes — *Pommes*

der **Preis**, die Preise — *Preis*

der **Punkt**, die Punkte — *Punkt*

die **Pup**pe, die Puppen — *Puppe*

A B C D E F G H I J K L M N O **P** Q R S T U V W X Y Z

Qu qu

das **Quadrat**, die Quadrate   *Quadrat*

     quaken, er quakt   *quaken*

die **Qualle**, die Quallen   *Qualle*

der **Quark**   *Quark*

der **Quatsch**   *Quatsch*

die **Quelle**, die Quellen   *Quelle*

     quer   *quer*

Rr

der **Ra**be, die Raben — *Rabe*

das **Ra**d, die Räder — *Rad*

die **Rau**pe, die Raupen — *Raupe*

rechnen, sie rechnet — *rechnen*

reden, er redet — *reden*

der **Re**gen — *Regen*

reich — *reich*

reisen, sie reist — *reisen*

rennen, er rennt — *rennen*

richtig — *richtig*

der **Ring**, die Ringe — *Ring*

der **Rit**ter, die Ritter — *Ritter*

rollen, er rollt — *rollen*

rot — *rot*

rufen, sie ruft — *rufen*

A
B
C
D
E
F
G
H
I
J
K
L
M
N
O
P
Q
R
S
T
U
V
W
X
Y
Z

Ss

der **Saft**, die Säfte — *Saft*

sagen, er sagt — *sagen*

das **Salz** — *Salz*

der **Sams**tag, die Samstage — *Samstag*

der **Sand** — *Sand*

sandig — *sandig*

der **Satz**, die Sätze — *Satz*

das **Schaf**, die Schafe — *Schaf*

schauen, sie schaut — *schauen*

scheinen, es scheint — *scheinen*

die **Sche**re, die Scheren — *Schere*

schlafen, er schläft — *schlafen*

schlagen, sie schlägt — *schlagen*

der **Schmet**ter**ling**, — *Schmetterling*

die Schmetterlinge

der **Schnee** — *Schnee*

schneiden, er schneidet — *schneiden*

schnell — *schnell*

schon — *schon*

schön — *schön*

schreiben, sie schreibt — *schreiben*

schreien, er schreit — *schreien*

der **Schuh**, die Schuhe — *Schuh*

die **Schu**le, die Schulen — *Schule*

schwarz — *schwarz*

das **Schwein**, die Schweine — *Schwein*

die **Schwes**ter, die Schwestern — *Schwester*

sechs — *sechs*

sehen, sie sieht — *sehen*

sehr — *sehr*

die **Sei**fe, die Seifen — *Seife*

sein, er ist — *sein*

A B C D E F G H I J K L M N O P Q R **S** T U V W X Y Z

sein, seine, seiner — *sein*

seit — *seit*

die **Sekun**de, die Sekunden — *Sekunde*

der **Septem**ber — *September*

sich — *sich*

sie — *sie*

sieben — *sieben*

sind — *sind*

singen, er singt — *singen*

sitzen, sie sitzt — *sitzen*

so — *so*

das **So**fa, die Sofas — *Sofa*

der **Sohn**, die Söhne — *Sohn*

sollen, er soll — *sollen*

der **Som**mer, die Sommer — *Sommer*

die **Son**ne, die Sonnen — *Sonne*

der **Sonn**tag, die Sonntage — *Sonntag*

die **Sp**a**g**he**t**ti   *Spaghetti*

spa**re**n, sie spart   *sparen*

spie**le**n, er spielt   *spielen*

der **Sp**ort   *Sport*

spre**ch**en, sie spricht   *sprechen*

der **St**än**ge**l, die Stängel   *Stängel*

ste**h**en, sie steht   *stehen*

der **St**ein, die Steine   *Stein*

stel**l**en, er stellt   *stellen*

der **St**ern, die Sterne   *Stern*

der **St**ift, die Stifte   *Stift*

still   *still*

die **St**irn, die Stirnen   *Stirn*

der **St**rauch, die Sträucher   *Strauch*

die **St**un**d**e, die Stunden   *Stunde*

suchen, sie sucht   *suchen*

Tt

der **Tag**, die Tage — *Tag*

die **Tante**, die Tanten — *Tante*

die **Tasche**, die Taschen — *Tasche*

der **Teddy**, die Teddys — *Teddy*

der **Tee** — *Tee*

das **Telefon**, die Telefone — *Telefon*

der **Teller**, die Teller — *Teller*

die **Temperatur**, die Temperaturen — *Temperatur*

teuer — *teuer*

das **Thermometer**, die Thermometer — *Thermometer*

das **Tier**, die Tiere — *Tier*

der **Tiger**, die Tiger — *Tiger*

der **Tisch**, die Tische — *Tisch*

die **Toch**ter, die Töchter   *Tochter*

die **Tom**ate, die Tomaten   *Tomate*

tragen, sie trägt   *tragen*

trinken, er trinkt   *trinken*

die **Trom**mel, die Trommeln   *Trommel*

tun, sie tut   *tun*

turnen, sie turnt   *turnen*

A
B
C
D
E
F
G
H
I
J
K
L
M
N
O
P
Q
R
S
T
U
V
W
X
Y
Z

Uu

üben, er übt

über

die Übung, die Übungen

die Uhr, die Uhren

der Uhu, die Uhus

um

und

der Unfall, die Unfälle

uns

unser, unsere

unten

unter

üben

über

Übung

Uhr

Uhu

um

und

Unfall

uns

unser

unten

unter

Vv

der **Vampir**, die Vampire   *Vampir*

die **Vase**, die Vasen   *Vase*

der **Vater**, die Väter   *Vater*

vergessen, sie vergisst   *vergessen*

der **Verkehr**   *Verkehr*

versuchen, sie versucht   *versuchen*

viel   *viel*

vier   *vier*

der **Vogel**, die Vögel   *Vogel*

voll   *voll*

vom   *vom*

von   *von*

vor   *vor*

vorbei   *vorbei*

vorher   *vorher*

Ww

die **Waage**, die Waagen	*Waage*
wachsen	*wachsen*
der **Wal**, die Wale	*Wal*
wann	*wann*
warm, wärmer	*warm*
die **Wärme**	*Wärme*
warten, sie wartet	*warten*
warum	*warum*
was	*was*
waschen, er wäscht	*waschen*
das **Wasser**	*Wasser*
der **Weg**, die Wege	*Weg*
Weihnachten	*Weihnachten*
weil	*weil*
weiß	*weiß*

weit   *weit*

weiter   *weiter*

welche, welcher, welches   *welche*

wem   *wem*

wen   *wen*

wenig   *wenig*

wenn   *wenn*

wer   *wer*

werden, sie wird   *werden*

das Wetter   *Wetter*

wie   *wie*

wieder   *wieder*

die Wiese, die Wiesen   *Wiese*

der Wind, die Winde   *Wind*

der Winter, die Winter   *Winter*

wir   *wir*

wo   *wo*

A
B
C
D
E
F
G
H
I
J
K
L
M
N
O
P
Q
R
S
T
U
V
W
X
Y
Z

die **Wo**che, die Wochen   *Woche*

wohnen, er wohnt   *wohnen*

der **Wol**f, die Wölfe   *Wolf*

die **Wol**ke, die Wolken   *Wolke*

wollen, sie will   *wollen*

das **Wor**t, die Wörter   *Wort*

wünschen, er wünscht   *wünschen*

der **Wur**m, die Würmer   *Wurm*

die **Wur**zel, die Wurzeln   *Wurzel*

Xx

Xaver

das **Xy**l**o**fon, die Xylofone

Xaver
Xylofon

A
B
C
D
E
F
G
H
I
J
K
L
M
N
O
P
Q
R
S
T
U
V
W
X
Y
Z

Y y

die **Yacht**, die Yachten

der **Yak**, die Yaks

Ypsi**lon**

Yacht

Yak

Ypsilon

Zz

die **Zahl**, die Zahlen — *Zahl*

zahlen, er zahlt — *zahlen*

zählen, sie zählt — *zählen*

der **Zahn**, die Zähne — *Zahn*

das **Zeb**ra, die Zebras — *Zebra*

die **Ze**he, die Zehen — *Zehe*

zehn — *zehn*

zeigen, er zeigt — *zeigen*

die **Zeit**, die Zeiten — *Zeit*

die **Zei**tung, die Zeitungen — *Zeitung*

die **Zie**ge, die Ziegen — *Ziege*

das **Zim**mer, die Zimmer — *Zimmer*

der **Zoo**, die Zoos — *Zoo*

zu — *zu*

der **Zu**cker — *Zucker*

51

zum   *zum*

zur   *zur*

zusammen   *zusammen*

zwei   *zwei*

die **Zwiebel**, die Zwiebeln   *Zwiebel*

zwölf   *zwölf*

⑩ Benutzerhinweise zum Zweiten Wörterverzeichnis

Am Rand jeder Seite befinden sich untereinander alle Buchstaben des ABCs. Du findest auf jeder Seite Stichwörter, die mit dem Buchstaben beginnen, der in dieser Leiste dick hervorgehoben ist.

Hier wird dir angegeben, mit welchen Buchstaben das erste und das letzte Stichwort auf einer Seite beginnen.

Bei einer Abkürzung wird dahinter angegeben, wofür sie steht.

Bei regelmäßigen Verben ist hinter der Grundform noch die 2. Person Einzahl angegeben.

Unregelmäßige Verbformen findest du als eigenes Stichwort. Dahinter ist die Grundform des Verbs angegeben.

Bei zwei gleich klingenden Wörtern mit unterschiedlicher Bedeutung steht in Klammern dahinter, was sie bedeuten.

m – ma

M

- **m** (Meter)
- **ma|chen**, du machst
- die **Macht**, die Mäch|te
- **mäch|tig**
- das **Mäd|chen**, die Mäd|chen
- die **Ma|de**, die Ma|den
- der **Ma|gen**,
  die Mä|gen – Ma|gen
- **ma|ger**
- die **Ma|gie**,
- der **Ma|gnet**,
  die Ma|gne|te – Ma|gne|ten
- **ma|gne|tisch**
- **du magst** ◁ mögen
- **mä|hen**, du mähst
- **mah|len** (z.B. Mehl mahlen),
  du mahlst
- die **Mahl|zeit**, die Mahl|zei|ten
- die **Mäh|ne**, die Mäh|nen
- **mah|nen**, du mahnst
- die **Mah|nung**,
  die Mah|nun|gen
- der **Mai**
- die **Mail|box**, die Mail|bo|xen

- **mai|len**, du mailst
- der **Main**
- der **Mais** ❽
- die **Ma|jes|tät**, die Ma|jes|tä|te
- das **Make-up**, die Make-ups
- die **Mak|ka|ro|ni**
- das **Mal**, die Ma|le
- **mal**
- **ma|len** (z.B. Bild malen),
  du malst
- **Mal|ta**
- die **Ma|ma**, die Ma|mas
- das **Mam|mut**,
  die Mam|mu|te – Mam|muts
- **man**
- der **Ma|na|ger**, die Ma|na|ger
- die **Ma|na|ge|rin**,
  die Ma|na|ge|rin|nen
- **man|che**
- **man|cher**
- **man|ches**
- **manch|mal**
- das **Man|da|la**, die Man|da|las
- die **Man|da|ri|ne**,
  die Man|da|ri|nen ❶
- die **Man|del**, die Man|deln
- die **Ma|ne|ge**, die Ma|ne|gen
- der **Man|ga** – das Man|ga,
  die Man|gas

134

Wenn du dir unsicher bist, in welchem Buchstaben du dich befindest, hilft dir auch dieses Bildchen weiter. Es zeigt dir immer ein Tier oder eine Figur mit einem Gegenstand, die mit dem gleichen Buchstaben beginnen wie die Stichwörter auf der Seite.

Wenn es sich bei einem Stichwort um ein Nomen handelt, dann steht davor der bestimmte Artikel.

Bei einem Nomen sind immer die Einzahl und die Mehrzahl angegeben.

Die Nummer in der roten Kugel verweist auf den passenden Tipp auf den Seiten 204 – 227, mit dessen Hilfe du dir gut merken kannst, wie man das Wort schreibt.

Wenn bei einem Wort unterschiedliche Schreibweisen möglich sind, werden beide aufgeführt.

Dieser senkrechte Strich zeigt dir an, wo du ein Wort trennen kannst.

ma – ma

der **Man|gel**, die Män|gel
    man|gel|haft
der **Mann**, die Män|ner
    männ|lich
die **Mann|schaft**,
    die Mann|schaf|ten
der **Man|tel**, die Män|tel
die **Map|pe**, die Map|pen
der **Ma|ra|thon**, die Ma|ra|thons
das **Mär|chen**, die Mär|chen
der **Mar|der**, die Mar|der
die **Mar|ga|ri|ne**
die **Mar|ge|ri|te**,
    die Mar|ge|ri|ten
    Ma|riä Him|mel|fahrt
die **Ma|ri|o|net|te**,
    die Ma|ri|o|net|ten
die **Mar|ke**, die Mar|ken
    mar|kie|ren, du markierst
die **Mar|me|la|de**,
    die Mar|me|la|den
der **Mars**
der **Marsch**, die Mär|sche
    mar|schie|ren,
    du marschierst
der **März**
das **Mar|zi|pan**
die **Ma|sche**, die Ma|schen

die **Ma|schi|ne**, die Ma|schi|nen
die **Ma|sern**
die **Mas|ke**, die Mas|ken
sich **mas|kie|ren**,
    du maskierst dich
das **Mas|kott|chen**,
    die Mas|kott|chen
das **Maß**, die Ma|ße
    sie **maß** ◁ messen
die **Mas|sa|ge**, die Mas|sa|gen
die **Mas|se**, die Mas|sen
    mas|sie|ren, du massierst
    mä|ßig
    mas|siv
die **Maß|nah|me**,
    die Maß|nah|men
der **Maß|stab**, die Maß|stä|be ❹
der **Mast**, die Mas|ten – Mas|te
    mäs|ten, du mästest
das **Match**, die Matchs –
    Mat|che – Mat|ches
das **Ma|te|ri|al**,
    die Ma|te|ri|a|li|en
die **Ma|the|ma|tik** ❷
    ma|the|ma|tisch
die **Ma|trat|ze**, die Ma|trat|zen
der **Ma|tro|se**, die Ma|tro|sen
die **Ma|tro|sin**,
    die Ma|tro|sin|nen

135

A B C D E F G H I J K L **M** N O P Q R S T U V W X Y Z

So lernst du schnell und sicher nachschlagen

Schaue dir zuerst die Seiten 54 und 55 an. Dort wird erklärt, was du auf den Seiten im roten Teil findest, und wie die Zeichen und Bilder dir beim Suchen helfen.

1. Schreibe zuerst die Liste zu Ende. Ordne dann die Wörter unten deiner Liste zu.

So **a**
So **b**
So **c** ke
So **d**
So **e**
So **f** a
So **g**
So **h** n
…

das Sofa • die Soße • der Sohn • die Socke • der Sommer • die Sonne • der Soldat • die Sorge

> Wenn der erste Buchstabe gleich ist, musst du auf den zweiten Buchstaben achten. Wenn der auch gleich ist, musst du auf den dritten Buchstaben schauen, …

2. Ordne die Wörter so, wie sie im Findefix hintereinander stehen, und schreibe sie auf: kalt, das …

kalt • der Krebs • klirren • das Kamel • kehren • komisch • kurz • die Klingen • der Kapitän • keine • kichern • kaputt • die Kreide • der Kies • die Kiste • die Kante • kommen • klatschen

> Achtung:
> **ä** ist wie **a** eingeordnet, **ö** wie **o**, **ü** wie **u** und **äu** wie **au**.

> Denke dir die Pünktchen einfach weg.

3. Ordne nach dem ABC und schreibe auf: älter, die …

älter • das Kleid • bringen • trödeln • hauen • der Betrug • der Käfer • der Körper • fort • backen • häufig • läuten • der Monteur • die Ärztin • betrübt • die Laus • die Bäckerei • böse • die Trommel

4. Suche folgende Wörter im roten Wörterverzeichnis und schreibe so auf: der Bär, Seite 69, …

der Bär • während • schmecken • der Fluss • treffen • beißen • viel • grüßen • die Vorfahrt • das Handy • sehr • häufig • der Pilz • wählen • die Ärztin • jung • wieder • das Ziel • kräftig

5. Wörter wie abgeben, hinfallen, weglaufen, verschieben oder vormachen findest du so nicht im Wörterbuch.

Sie bestehen aus einer Vorsilbe (ab hin weg ver vor) und einem Wort, das alleine im Wörterbuch steht (fallen, laufen, schieben, …).

Schreibe die folgenden Wörter mithilfe des Wörterbuchs vollständig auf:

able ▬ en

hinste ▬ en

wegr ▬ men

verl ▬ ben

vorse ▬ en

6. In deinem Findefix stehen die Mehrzahlformen immer hinter den Einzahlformen. Suche die folgenden Mehrzahlformen im Findefix.

die Pläne • die Ecken • die Hämmer • die Streifen • die Sümpfe • die Partys • die Türme

Schreibe so:
die Pläne, der Plan → Seite 148, …

7. Schlage diese zusammengesetzten Wörter im Findefix getrennt nach:

der Zirkusclown • die Tierärztin • der Fußballplatz • das Vogelnest • die Ritterrüstung • die Tischdecke • der Startschuss • das Marionettentheater

Schreibe so:

der Apfelsaft
der Apfel → Seite 64,
der Saft → Seite 159, …

Apfelsaft? der Apfel und der Saft

Tipps fürs Nachschlagen

Wenn du ein Wort im Findefix nicht findest, kann es sein, dass man es anders schreibt, als du meinst. Das kann mehrere Gründe haben.

Diese Buchstaben können gleich klingen:

ä und **e**	**b** und **p**	**c** und **z**	**g** und **k**
d und **t**	**f** und **v**	**c** und **k**	**v** und **w**

Auch Buchstabengruppen können gleich klingen:

ap und **ab**	**at** und **ad**	**f** und **ph**
k und **ch**	**äu** und **eu**	**f** und **pf**

Wenn ich **schp** höre, schlage ich bei **sp** nach.

Wenn ich **kw** höre, schlage ich bei **qu** nach.

Wenn ich **scht** höre, schlage ich bei **st** nach.

sch und **sp**
sch und **st**

Englische Wörter

Wörter aus anderen Sprachen werden häufig anders gesprochen als geschrieben.

ä

die **A**ction

der **A**irbag

au

o**u**t

dsch

die **J**eans   **j**oggen

der **J**ob   der **J**oker

gä

der **Ga**g

der **Ga**ngster

hä

ha**pp**y

mä

das **Ma**tch

fä

fair

der **Fa**n

pu

der **Poo**l

lai

die **Li**vesendung

tsch

der **Ch**ampion

der **Ch**ip

checken

sä

das **Sa**ndwich

sch

der **Sh**eriff   die **Sh**orts

das **Sh**irt   die **Sh**ow

Französische Wörter

Manchmal liegt es auch an den Regeln für das richtige Schreiben, dass man ein Wort anders schreibt, als du meinst. Tipps dazu findest du auf den Seiten 204 bis 227.

sch

der **Ch**ampignon   sich **g**enieren

die **Ch**ance   die **J**alousie

der **Ch**ef   **j**onglieren

das **G**elee   der **J**ournalist

der **Aal**, die Aa|le ❽
das **Aas**, die Aa|se
    ab
    ab|bie|gen, du biegst ab,
    sie bog ab ❷
das **ABC** – Abc
der **Abend**, die Aben|de ❻
    abends
das **Aben|teu|er**,
    die Aben|teu|er
    aben|teu|er|lich
    aber
der **Aber|glau|be**
    aber|gläu|bisch ❹
    ab|fah|ren, du fährst ab,
    er fuhr ab
die **Ab|fahrt**, die Ab|fahr|ten
der **Ab|fall**, die Ab|fäl|le ❺
der **Ab|ge|ord|ne|te**,
    die Ab|ge|ord|ne|ten
die **Ab|ge|ord|ne|te**,
    die Ab|ge|ord|ne|ten
der **Ab|grund**, die Ab|grün|de
    ab|hän|gig

sich **ab|här|ten**,
    du härtest dich ab
    ab|ho|len, du holst ab
das **Abi|tur**
    ab|kür|zen, du kürzt ab
die **Ab|kür|zung**,
    die Ab|kür|zun|gen ❼
    ab|leh|nen, du lehnst ab
    ab|neh|men, du nimmst ab,
    sie nahm ab
    abon|nie|ren, du abonnierst
der **Ab|satz**, die Ab|sät|ze
    ab|scheu|lich
der **Ab|schied**, die Ab|schie|de
    ab|schlie|ßen, du schließt
    ab, er schloss ab
    ab|schnei|den,
    du schneidest ab,
    sie schnitt ab
der **Ab|schnitt**, die Ab|schnit|te
    ab|seits
der **Ab|sen|der**, die Ab|sen|der
die **Ab|sicht**, die Ab|sich|ten
    ab|sicht|lich ❸
    ab|so|lut
der **Ab|stand**, die Ab|stän|de ❻
    ab|stim|men, du stimmst ab
    ab|stür|zen, du stürzt ab
das **Ab|teil**, die Ab|tei|le

die **Ab|tei|lung**,
die Ab|tei|lun|gen
ab|wärts
sich **ab|wech|seln**,
sie wechseln sich ab
ab|wech|selnd
ab|we|send
ab|zie|hen, du ziehst ab,
sie zog ab
die **Ab|zwei|gung**,
die Ab|zwei|gun|gen ❼
ach
die **Ach|se**, die Ach|sen
die **Ach|sel**, die Ach|seln
acht
acht|mal
ach|ten, du achtest
acht|ge|ben – Acht
geben, du gibst
acht – du gibst Acht,
er gab acht – er gab Acht
die **Ach|tung**
acht|zig
äch|zen, du ächzt
der **Acker**, die Äcker ❹
die **Ac|tion**
ad|die|ren, du addierst
die **Ad|di|ti|on**,
die Ad|di|ti|o|nen

ade
die **Ader**, die Adern
das **Ad|jek|tiv**, die Ad|jek|ti|ve
der **Ad|ler**, die Ad|ler
adop|tie|ren, du adoptierst
die **Adres|se**, die Adres|sen
der **Ad|vent**
der **Af|fe**, die Af|fen
Af|ri|ka
ag|gres|siv
aha
ah|nen, du ahnst
ähn|lich
die **Ähn|lich|keit**,
die Ähn|lich|kei|ten ❸
die **Ah|nung**, die Ah|nun|gen
ahoi
der **Ahorn**, die Ahor|ne
die **Äh|re**, die Äh|ren
Aids
das **Ak|kor|de|on**,
die Ak|kor|de|ons
der **Ak|ku**, die Ak|kus
der **Ak|ku|sa|tiv**,
die Ak|ku|sa|ti|ve
der **Akro|bat**, die Akro|ba|ten
die **Akro|ba|tin**,
die Akro|ba|tin|nen
die **Ak|te**, die Ak|ten

die **Ak|ti|on**, die Ak|ti|o|nen
   ak|tiv
   ak|tu|ell
   ak|zep|tie|ren,
   du akzeptierst
der **Alarm**, die Alar|me
   alar|mie|ren, du alarmierst
   Al|ba|ni|en
   al|bern
der **Alb|traum** – Alp|traum,
   die Alb|träu|me –
   Alp|träu|me
das **Al|bum**, die Al|ben
der **Al|ko|hol**
das **All**
   Al|lah
   al|le ❷
die **Al|lee**, die Al|le|en
   al|lein
   al|ler|dings
die **Al|ler|gie**, die Al|ler|gi|en
   al|ler|hand
   Al|ler|hei|li|gen
   al|les
   all|ge|mein
   all|mäh|lich
der **All|tag** ❺
die **Alm**, die Al|men
die **Al|pen**

das **Al|pha|bet**,
   die Al|pha|be|te ❽
   al|pha|be|tisch
der **Alp|traum** – Alb|traum,
   die Alp|träu|me –
   Alb|träu|me
   als
   al|so
   alt, älter, am ältesten
der **Al|tar**, die Al|tä|re
das **Al|ter**
   äl|ter, am ältesten ◁ alt
   al|ter|na|tiv
die **Al|ter|na|ti|ve**,
   die Al|ter|na|ti|ven
die **Alu|fo|lie**, die Alu|fo|li|en
das **Alu|mi|ni|um**
   am
der **Ama|teur**, die Ama|teu|re
die **Ama|teu|rin**,
   die Ama|teu|rin|nen
die **Amei|se**, die Amei|sen
   amen
   Ame|ri|ka ❶
die **Am|pel**, die Am|peln
die **Am|sel**, die Am|seln
das **Amt**, die Äm|ter
sich **amü|sie|ren**,
   du amüsierst dich

   an

die **Ana|nas**, die Ana|nas|se

   an|bie|ten, du bietest an,
   sie bot an ❷

der **An|blick**, die An|bli|cke

   an|däch|tig

das **An|den|ken**, die An|den|ken

   an|de|re

   än|dern, du änderst

   an|ders

   an|ders|he|rum –
   an|ders|rum

   An|dor|ra

   an|ei|nan|der

der **An|fall**, die An|fäl|le

der **An|fang**, die An|fän|ge

   an|fan|gen, du fängst an,
   er fing an

   an|fangs

   an|fas|sen, du fasst an

das **An|füh|rungs|zei|chen**,
   die An|füh|rungs|zei|chen

   an|ge|ben, du gibst an,
   sie gab an

   an|geb|lich

das **An|ge|bot**, die An|ge|bo|te

die **An|gel**, die An|geln

   an|geln, du angelst

   an|ge|nehm

der **An|ge|stell|te**,
   die An|ge|stell|ten

die **An|ge|stell|te**,
   die An|ge|stell|ten

sich **an|ge|wöh|nen**,
   du gewöhnst dir an

die **An|ge|wohn|heit**,
   die An|ge|wohn|hei|ten ❼

   an|grei|fen, du greifst an,
   er griff an

der **An|griff**, die An|grif|fe

die **Angst**, die Ängs|te

   ängst|lich ❹

   an|hal|ten, du hältst an,
   sie hielt an

der **An|hän|ger**, die An|hän|ger

   an|häng|lich

der **An|ker**, die An|ker

   an|kla|gen, du klagst an

   an|kom|men, du kommst an,
   sie kam an

   an|kreu|zen, du kreuzt an

die **An|kunft**, die An|künf|te

der **An|lauf**, die An|läu|fe

die **An|nah|me**, die An|nah|men

   an|neh|men, du nimmst an,
   er nahm an

der **Ano|rak**, die Ano|raks

der **An|ruf**, die An|ru|fe ❶

an|ru|fen, du rufst an,
sie rief an
an|sa|gen, du sagst an
an|schau|en, du schaust an
an|schei|nend
an|schlie|ßend
der An|schluss,
die An|schlüs|se
sich an|schnal|len,
du schnallst dich an ❺
die An|schrift, die An|schrif|ten
an|se|hen, du siehst an,
er sah an
an|sons|ten
der An|stand
an|stän|dig
an|star|ren, du starrst an
an|statt
an|ste|cken, du steckst an
an|ste|ckend
sich an|stel|len,
du stellst dich an
der An|stoß, die An|stö|ße
sich an|stren|gen,
du strengst dich an
an|stren|gend
die An|ten|ne, die An|ten|nen
der An|trag, die An|trä|ge
die Ant|wort, die Ant|wor|ten

ant|wor|ten, du antwortest
der An|walt, die An|wäl|te
die An|wäl|tin,
die An|wäl|tin|nen ❸
an|wen|den, du wendest an,
er wandte an
an|we|send
die An|zahl, die An|zah|len
die An|zei|ge, die An|zei|gen
an|zie|hen, du ziehst an,
sie zog an
der An|zug, die An|zü|ge ❻
an|zün|den, du zündest an
der Ap|fel, die Äp|fel
das Ap|fel|mus
die Ap|fel|si|ne,
die Ap|fel|si|nen
die Apo|the|ke, die Apo|the|ken
der Ap|pa|rat, die Ap|pa|ra|te
der Ap|pe|tit
ap|pe|tit|lich
der Ap|plaus
die Apri|ko|se, die Apri|ko|sen
der April
das Aqua|ri|um, die Aqua|ri|en
der Äqua|tor ❽
die Ar|beit, die Ar|bei|ten
ar|bei|ten, du arbeitest
ar|beits|los

der **Ar|chi|tekt**,
    die Ar|chi|tek|ten
die **Ar|chi|tek|tin**,
    die Ar|chi|tek|tin|nen
    arg, ärger, am ärgsten
    är|ger, am ärgsten ◁ arg
der **Är|ger**
    är|ger|lich
    är|gern, du ärgerst
das **Ar|gu|ment**,
    die Ar|gu|men|te
    ar|gu|men|tie|ren,
    du argumentierst ❷
    arm, ärmer, am ärmsten
der **Arm**, die Ar|me
der **Är|mel**, die Är|mel
    är|mer, am ärmsten ◁ arm
der **Arm|reif**, die Arm|rei|fe
die **Ar|mut**
die **Art**, die Ar|ten
    ar|tig
der **Ar|ti|kel**, die Ar|ti|kel
der **Ar|tist**, die Ar|tis|ten
die **Ar|tis|tin**, die Ar|tis|tin|nen
die **Arz|nei**, die Arz|nei|en
der **Arzt**, die Ärz|te
die **Ärz|tin**, die Ärz|tin|nen
die **Asche** ❶
    Asi|en

der **As|phalt**, die As|phal|te
das **Ass**, die As|se
    sie **aß** ◁ essen
der **As|sis|tent**,
    die As|sis|ten|ten
die **As|sis|ten|tin**,
    die As|sis|ten|tin|nen
der **Ast**, die Äs|te
die **As|ter**, die As|tern
das **Asth|ma**
der **As|tro|naut**,
    die As|tro|nau|ten ❼
die **As|tro|nau|tin**,
    die As|tro|nau|tin|nen
das **Asyl**, die Asy|le
der **Atem**
    atem|los
der **Ath|let**, die Ath|le|ten
die **Ath|le|tin**,
    die Ath|le|tin|nen
der **At|lan|tik**
der **At|las**,
    die At|lan|ten – At|las|se
    at|men, du atmest
die **At|mo|sphä|re**,
    die At|mo|sphä|ren ❽
das **Atom**, die Ato|me
das **Atom|kraft|werk**,
    die Atom|kraft|wer|ke

B C D E F G H I J K L M N O P Q R S T U V W X Y Z

die **At|ta|cke**, die At|ta|cken

das **At|test**, die At|tes|te

die **At|trak|ti|on**,
die At|trak|ti|o|nen

at|trak|tiv

au

aua

die **Au|ber|gi|ne**,
die Au|ber|gi|nen

auch

auf

auf|bau|en, du baust auf

auf|dring|lich ❸

auf|ei|nan|der

der **Auf|ent|halt**,
die Auf|ent|hal|te

auf|fal|len, du fällst auf,
er fiel auf

auf|fäl|lig ❹

auf|for|dern,
du forderst auf

die **Auf|ga|be**, die Auf|ga|ben

auf|ge|ben, du gibst auf,
sie gab auf

auf|ge|regt

auf|grund – auf Grund

auf|hän|gen, du hängst auf,
er hängte auf

auf|hö|ren, du hörst auf

sich **auf|lö|sen**, es löst sich auf

auf|merk|sam

die **Auf|merk|sam|keit**,
die Auf|merk|sam|kei|ten

die **Auf|nah|me**,
die Auf|nah|men

auf|neh|men, du nimmst auf,
sie nahm auf

auf|pas|sen, du passt auf

auf|räu|men, du räumst auf

sich **auf|re|gen**,
du regst dich auf

auf|re|gend

der **Auf|satz**, die Auf|sät|ze

auf|schrei|ben, du schreibst
auf, er schrieb auf

die **Auf|sicht**, die Auf|sich|ten

auf|ste|hen, du stehst auf,
er stand auf

der **Auf|trag**, die Auf|trä|ge ❻

auf|tre|ten, du trittst auf,
sie trat auf

der **Auf|tritt**, die Auf|trit|te ❺

auf|wa|chen,
du wachst auf

auf|wärts

auf|we|cken, du weckst auf

der **Auf|zug**, die Auf|zü|ge

das **Au|ge**, die Au|gen ❶

der **Au|gen|blick**,
die Au|gen|bli|cke

die **Au|gen|braue**,
die Au|gen|brau|en

das **Au|gen|lid**, die Au|gen|li|der

der **Au|gust**

die **Au|la**, die Au|las – Au|len

aus

aus|bes|sern,
du besserst aus

die **Aus|bil|dung**,
die Aus|bil|dun|gen ❸

aus|brei|ten, du breitest aus

die **Aus|dau|er**

der **Aus|druck**, die Aus|drü|cke

aus|dru|cken,
du druckst aus

aus|drück|lich

aus|ei|nan|der

der **Aus|flug**, die Aus|flü|ge

aus|führ|lich

die **Aus|ga|be**, die Aus|ga|ben

der **Aus|gang**, die Aus|gän|ge

aus|ge|ben, du gibst aus,
er gab aus

aus|ge|rech|net

aus|ge|zeich|net

aus|gie|big

der **Aus|gleich**, die Aus|glei|che

aus|hal|ten, du hältst aus,
sie hielt aus

die **Aus|kunft**, die Aus|künf|te

das **Aus|land**

der **Aus|län|der**,
die Aus|län|der ❹

die **Aus|län|de|rin**,
die Aus|län|de|rin|nen

aus|län|disch

aus|lee|ren, du leerst aus

aus|lei|hen, du leihst aus,
er lieh aus

sich **aus|log|gen**,
du loggst dich aus

die **Aus|nah|me**,
die Aus|nah|men

aus|nahms|wei|se

die **Aus|re|de**, die Aus|re|den

aus|rei|chend

aus|rei|ßen, du reißt aus,
sie riss aus

der **Aus|ruf**, die Aus|ru|fe

das **Aus|ru|fe|zei|chen**,
die Aus|ru|fe|zei|chen

die **Aus|sa|ge**, die Aus|sa|gen

der **Aus|schlag**,
die Aus|schlä|ge

aus|schließ|lich

au|ßen ❽

B

au|ßer
au|ßer|dem
au|ßer|halb
sich **äu|ßern**, du äußerst dich
au|ßer|or|dent|lich
äu|ßerst
aus|se|hen, du siehst aus,
er sah aus
die **Aus|sicht**, die Aus|sich|ten
aus|sichts|los
aus|stel|len, du stellst aus
die **Aus|stel|lung**,
die Aus|stel|lun|gen ❼
aus|ster|ben, es stirbt aus,
es starb aus
Aus|tra|li|en
die **Aus|wahl**

aus|wäh|len, du wählst aus
aus|wärts
der **Aus|weis**, die Aus|wei|se
aus|wen|dig
der **Aus|zu|bil|den|de**,
die Aus|zu|bil|den|den ❷
die **Aus|zu|bil|den|de**,
die Aus|zu|bil|den|den
das **Au|to**, die Au|tos
das **Au|to|gramm**,
die Au|to|gram|me ❺
der **Au|to|mat**, die Au|to|ma|ten
au|to|ma|tisch
der **Au|tor**, die Au|to|ren
die **Au|to|rin**, die Au|to|rin|nen
die **Avo|ca|do**, die Avo|ca|dos
die **Axt**, die Äx|te

B

das **Ba|by**, die Ba|bys
der **Bach**, die Bä|che
die **Ba|cke**, die Ba|cken
ba|cken,
du backst – bäckst

der **Bä|cker**, die Bä|cker
die **Bä|cke|rei**, die Bä|cke|rei|en
die **Bä|cke|rin**,
die Bä|cke|rin|nen
das **Bad**, die Bä|der ❻

ba|den, du badest
Ba|den-Würt|tem|berg
die Ba|de|wan|ne,
die Ba|de|wan|nen
der Bag|ger, die Bag|ger ❺
bag|gern, du baggerst
die Bahn, die Bah|nen
der Bahn|hof, die Bahn|hö|fe
der Bahn|steig,
die Bahn|stei|ge
die Bak|te|rie, die Bak|te|ri|en
ba|lan|cie|ren,
du balancierst
bald
der Bal|ken, die Bal|ken
der Bal|kon,
die Bal|ko|ne – Bal|kons
der Ball, die Bäl|le
das Bal|lett, die Bal|let|te
der Bal|lon,
die Bal|lo|ne – Bal|lons
die Ba|na|ne, die Ba|na|nen ❶
das Band (z.B. Geschenkband),
die Bän|der
der Band (Buch), die Bän|de
die Band (Musikgruppe),
die Bands
sie band ◁ binden
die Ban|de, die Ban|den

die Bank (z.B. die Parkbank),
die Bän|ke
die Bank (Geldinstitut),
die Ban|ken
bar
die Bar, die Bars
der Bär, die Bä|ren
die Ba|ra|cke, die Ba|ra|cken
bar|fuß ❽
er barg ◁ bergen ❻
das Bar|geld
die Bar-Miz|wa, die Bar-Miz|was
das Ba|ro|me|ter,
die Ba|ro|me|ter
der Bar|ren, die Bar|ren
bar|rie|re|frei
der Barsch, die Bar|sche
der Bart, die Bär|te
das Ba|si|li|kum
der Bas|ket|ball,
die Bas|ket|bäl|le
der Bass, die Bäs|se
bas|teln, du bastelst
sie bat ◁ bitten
die Bat|te|rie, die Bat|te|ri|en ❷
der Bau, die Bau|ten
der Bauch, die Bäu|che
der Bauch|na|bel,
die Bauch|na|bel

bau|en, du baust

der Bau|er, die Bau|ern

die Bäu|e|rin,

die Bäu|e|rin|nen ❹

bau|fäl|lig

der Baum, die Bäu|me

bau|meln, du baumelst

der Bau|stein, die Bau|stei|ne

die Bau|stel|le, die Bau|stel|len

Bay|ern

be|ach|ten, du beachtest

der Bea|mer, die Bea|mer

der Be|am|te, die Be|am|ten

die Be|am|tin, die Be|am|tin|nen

be|an|tra|gen, du beantragst

be|ant|wor|ten,

du beantwortest

be|ar|bei|ten, du bearbeitest

be|ben, du bebst

der Be|cher, die Be|cher

das Be|cken, die Be|cken

be|däch|tig ❸

sich be|dan|ken,

du bedankst dich

der Be|darf

be|dau|er|lich

be|dau|ern, du bedauerst

be|deu|ten, es bedeutet

be|deu|tend

die Be|deu|tung,

die Be|deu|tun|gen

die Be|die|nung,

die Be|die|nun|gen ❼

die Be|din|gung,

die Be|din|gun|gen

be|dro|hen, du bedrohst

be|droh|lich

das Be|dürf|nis,

die Be|dürf|nis|se

sich be|ei|len, du beeilst dich

be|ein|dru|ckend

be|ein|druckt

be|ein|flus|sen,

du beeinflusst

be|en|den, du beendest

die Be|er|di|gung,

die Be|er|di|gun|gen

die Bee|re, die Bee|ren

das Beet, die Bee|te

er be|fahl ◁ befehlen

er be|fand sich ◁ sich befinden

der Be|fehl, die Be|feh|le

be|feh|len, du befiehlst,

er befahl

du be|fiehlst ◁ befehlen

sich be|fin|den, du befindest

dich, er befand sich

be|fra|gen, du befragst

be|freun|det
be|frie|di|gend
be|fruch|ten, sie befruchtet
be|fürch|ten, du befürchtest
be|gabt
die Be|ga|bung,
die Be|ga|bun|gen
er be|gann ◁ beginnen
be|geg|nen, du begegnest
die Be|geg|nung,
die Be|geg|nun|gen
be|geis|tert
be|gin|nen, du beginnst,
er begann
be|glei|ten, du begleitest
be|glück|wün|schen,
du beglückwünschst
das Be|gräb|nis,
die Be|gräb|nis|se ❸
be|grei|fen, du begreifst,
sie begriff
sie be|griff ◁ begreifen
der Be|griff, die Be|grif|fe
be|grün|den, du begründest
be|grü|βen, du begrüßt
be|haart ❽
be|hag|lich
be|hal|ten, du behältst,
er behielt

der Be|häl|ter, die Be|häl|ter
du be|hältst ◁ behalten ❹
be|han|deln, du behandelst
die Be|hand|lung,
die Be|hand|lun|gen
be|harr|lich
be|haup|ten, du behauptest
sich be|herr|schen,
du beherrschst dich
be|herzt
er be|hielt ◁ behalten
be|hilf|lich ❷
be|hin|dern, du behinderst
die Be|hin|de|rung,
die Be|hin|de|run|gen
die Be|hör|de, die Be|hör|den
be|hü|ten, du behütest
be|hut|sam
bei
bei|brin|gen, du bringst bei,
sie brachte bei
beich|ten, du beichtest
bei|de
der Bei|fall
beige
das Beil, die Bei|le
das Bein, die Bei|ne ❶
bei|nah – bei|na|he
bei|sam|men

bei|sei|te

das **Bei**|**spiel**, die Bei|spie|le

bei|**spiels**|**wei**|**se** (bspw.)

bei|**ßen**, du beißt, er biss

der **Bei**|**trag**, die Bei|trä|ge

sie **be**|**kam** ◁ bekommen

be|**kämp**|**fen**, du bekämpfst

be|**kannt**

sich **be**|**kle**|**ckern**,
du bekleckerst dich

die **Be**|**klei**|**dung**

be|**kom**|**men**, du bekommst,
sie bekam

der **Be**|**lag**, die Be|lä|ge

be|**las**|**ten**, du belastest

be|**läs**|**ti**|**gen**, du belästigst

be|**lei**|**di**|**gen**, du beleidigst

be|**lei**|**digt**

be|**leuch**|**ten**,
du beleuchtest

die **Be**|**leuch**|**tung**,
die Be|leuch|tun|gen ❼

Bel|**gi**|**en**

be|**liebt**

bel|**len**, er bellt

be|**loh**|**nen**, du belohnst

be|**mer**|**ken**, du bemerkst

die **Be**|**mer**|**kung**,
die Be|mer|kun|gen

sich **be**|**mü**|**hen**,
du bemühst dich

be|**nach**|**rich**|**ti**|**gen**,
du benachrichtigst

er **be**|**nahm** sich ◁ sich
benehmen

sich **be**|**neh**|**men**, du benimmst
dich, er benahm sich

be|**nei**|**den**, du beneidest

du **be**|**nimmst** dich ◁ sich
benehmen

be|**nom**|**men** ❺

be|**nö**|**ti**|**gen**, du benötigst

be|**nut**|**zen**, du benutzt

das **Ben**|**zin**, die Ben|zi|ne

be|**ob**|**ach**|**ten**,
du beobachtest

die **Be**|**ob**|**ach**|**tung**,
die Be|ob|ach|tun|gen

be|**quem**

be|**ra**|**ten**, du berätst,
sie beriet

du **be**|**rätst** ◁ beraten

be|**rech**|**nen**, du berechnest

be|**rech**|**tigt**

der **Be**|**reich**, die Be|rei|che

be|**reit**

be|**rei**|**ten**, du bereitest

be|**reits**

be|reu|en, du bereust

der **Berg**, die Ber|ge ❻

berg|ab

berg|auf

ber|gen, du birgst, er barg

ber|gig

die **Ber|gung**, die Ber|gun|gen

der **Be|richt**, die Be|rich|te

be|rich|ten, du berichtest

be|rie|seln, du berieselst

sie **be|riet** ◁ beraten

Ber|lin

be|rüch|tigt

be|rück|sich|ti|gen,
du berücksichtigst

der **Be|ruf**, die Be|ru|fe

be|ruf|lich

be|rufs|tä|tig ❸

be|ru|hi|gen, du beruhigst

be|ru|higt

be|rühmt ❽

be|rüh|ren, du berührst

die **Be|rüh|rung**,
die Be|rüh|run|gen

er **be|sann** sich
◁ sich besinnen

sie **be|saß** ◁ besitzen

be|schä|di|gen,
du beschädigst ❹

sich **be|schäf|ti|gen**,
du beschäftigst dich

be|schäf|tigt

die **Be|schäf|ti|gung**,
die Be|schäf|ti|gun|gen

Be|scheid sa|gen,
du sagst Bescheid

be|schei|den

be|schei|ni|gen,
du bescheinigst

die **Be|schei|ni|gung**,
die Be|schei|ni|gun|gen

die **Be|sche|rung**,
die Be|sche|run|gen ❼

be|schleu|ni|gen,
du beschleunigst

be|schlie|ßen,
du beschließt, er beschloss

er **be|schloss** ◁ beschließen

be|schlos|sen

der **Be|schluss**,
die Be|schlüs|se

be|schmut|zen,
du beschmutzt

be|schrei|ben,
du beschreibst,
sie beschrieb

be|schrif|ten,
du beschriftest

be|schul|di|gen,
du beschuldigst
be|schüt|zen, du beschützt
die Be|schwer|de,
die Be|schwer|den
sich be|schwe|ren,
du beschwerst dich
be|sei|ti|gen, du beseitigst
der Be|sen, die Be|sen ❶
be|ses|sen
be|setzt
be|sich|ti|gen,
du besichtigst
sich be|sin|nen, du besinnst
dich, er besann sich ❷
be|sit|zen, du besitzt,
sie besaß
be|son|ders
be|sor|gen, du besorgst
er be|sprach ◁ besprechen
be|spre|chen, du besprichst,
er besprach
die Be|spre|chung,
die Be|spre|chun|gen
du be|sprichst ◁ besprechen
bes|ser, am besten ◁ gut
sie be|stand ◁ bestehen
be|stan|den
be|stä|ti|gen, du bestätigst

be|stäu|ben, sie bestäubt
die Be|stäu|bung,
die Be|stäu|bun|gen
das Be|steck, die Be|ste|cke ❺
be|ste|hen, du bestehst,
sie bestand
be|stel|len, du bestellst
die Be|stel|lung,
die Be|stel|lun|gen
am bes|ten ◁ gut
die Bes|tie, die Bes|ti|en
be|stim|men, du bestimmst
be|stimmt
be|stra|fen, du bestrafst
der Best|sel|ler,
die Best|sel|ler
be|su|chen, du besuchst
der Be|such, die Be|su|che
be|täubt
die Be|täu|bung,
die Be|täu|bun|gen
sich be|tei|li|gen,
du beteiligst dich
be|ten, du betest
der Be|ton
be|to|nen, du betonst
be|trach|ten, du betrachtest
der Be|trag, die Be|trä|ge
er be|trat ◁ betreten

be|tre|ten, du betrittst,
er betrat
be|treu|en, du betreust
der **Be|trieb**, die Be|trie|be ❻
du **be|trittst** ◁ betreten
sie **be|trog** ◁ betrügen
be|trübt
der **Be|trug**
be|trü|gen, du betrügst,
sie betrog
das **Bett**, die Bet|ten
bet|teln, du bettelst
die **Beu|le**, die Beu|len
be|ur|tei|len, du beurteilst
die **Beu|te**, die Beu|ten
der **Beu|tel**, die Beu|tel
die **Be|völ|ke|rung**,
die Be|völ|ke|run|gen
be|vor ❸
be|vor|zu|gen,
du bevorzugst
er **be|warb** sich
◁ sich bewerben
sich **be|we|gen**,
du bewegst dich
be|weg|lich
die **Be|we|gung**,
die Be|we|gun|gen
der **Be|weis**, die Be|wei|se

be|wei|sen, du beweist,
sie bewies
sich **be|wer|ben**, du bewirbst
dich, er bewarb sich
die **Be|wer|bung**,
die Be|wer|bun|gen
sie **be|wies** ◁ beweisen
du **be|wirbst** dich
◁ sich bewerben
be|woh|nen, du bewohnst
be|wölkt
die **Be|wöl|kung**
be|wun|dern, du bewunderst
be|wusst|los
be|zah|len, du bezahlst
die **Be|zie|hung**,
die Be|zie|hun|gen
be|zie|hungs|wei|se (bzw.)
der **Be|zirk**, die Be|zir|ke
der **Be|zug**, die Be|zü|ge ❻
bib|bern, du bibberst
die **Bi|bel**, die Bi|beln
der **Bi|ber**, die Bi|ber ❽
die **Bi|blio|thek**,
die Bi|blio|the|ken
bie|gen, du biegst, sie bog
bieg|sam
die **Bie|ne**, die Bie|nen
das **Bier**, die Bie|re

das **Biest**, die Bies|ter
    bie|ten, du bietest, er bot ❷
der **Bi|ki|ni**, die Bi|ki|nis
das **Bild**, die Bil|der
    bil|den, du bildest
der **Bild|schirm**,
    die Bild|schir|me
die **Bil|dung**
    bil|lig
ich **bin**, du bist, er war ◁ sein
die **Bin|de**, die Bin|den
    bin|den, du bindest,
    sie band
der **Bin|de|strich**,
    die Bin|de|stri|che
die **Bin|dung**, die Bin|dun|gen
die **Bio|lo|gie**
das **Bio|top** – der Bio|top,
    die Bio|to|pe
du **birgst** ◁ bergen
die **Bir|ke**, die Bir|ken
die **Bir|ne**, die Bir|nen
    bis
der **Bi|schof**, die Bi|schö|fe
die **Bi|schö|fin**,
    die Bi|schö|fin|nen
    bis|her
der **Biss**, die Bis|se
  er **biss** ◁ beißen

biss|chen
bis|sig
du **bist**, du warst ◁ sein
die **Bit|te**, die Bit|ten
    bit|ten, du bittest, sie bat
    bit|ter
die **Bla|ma|ge**, die Bla|ma|gen
sich **bla|mie|ren**,
    du blamierst dich
    blank
die **Bla|se**, die Bla|sen ❶
    bla|sen, du bläst, sie blies
    blass
du **bläst** ◁ blasen
das **Blatt**, die Blät|ter ❹
    blät|tern, du blätterst
    blau
die **Blau|bee|re**,
    die Blau|bee|ren
das **Blech**, die Ble|che
    blei|ben, du bleibst, er blieb
    bleich
der **Blei|stift**, die Blei|stif|te
    blen|den, du blendest
der **Blick**, die Bli|cke
    bli|cken, du blickst
  er **blieb** ◁ bleiben
sie **blies** ◁ blasen
    blind

der **Blind**|**darm**,
die Blind|där|me
blin|**ken**, du blinkst
blin|**zeln**, du blinzelst
der **Blitz**, die Blit|ze ❺
blitz|**blank**
blit|**zen**, es blitzt
der **Block**, die Blö|cke ❼
blöd
der **Blöd**|**sinn**
blond
bloß ❽
blub|**bern**, es blubbert
blü|**hen**, es blüht ❷
die **Blu**|**me**, die Blu|men
die **Blu**|**se**, die Blu|sen
das **Blut**
die **Blü**|**te**, die Blü|ten
blu|**ten**, du blutest
blu|**tig**
der **Bob**, die Bobs
der **Bock**, die Bö|cke ❺
bo|**ckig**
der **Bo**|**den**, die Bö|den
sie **bog** ◁ biegen
der **Bo**|**gen**, die Bo|gen – Bö|gen
die **Boh**|**ne**, die Boh|nen
boh|**ren**, du bohrst
die **Bo**|**je**, die Bo|jen

die **Bom**|**be**, die Bom|ben
der **Bom**|**mel**, die Bom|mel
der **Bon**|**bon** – das Bon|bon,
die Bon|bons ❶
das **Boot**, die Boo|te
das **Bord** (z.B. Bücherbrett),
die Bor|de
der **Bord** (z.B. Schiff), die Bor|de
bor|**gen**, du borgst
die **Bors**|**te**, die Bors|ten
bö|**se**
die **Bö**|**schung**,
die Bö|schun|gen
bos|**haft**
die **Bos**|**heit**, die Bos|hei|ten ❼
Bos|**ni**|**en**
der **Boss**, die Bos|se
er **bot** ◁ bieten
der **Bo**|**te**, die Bo|ten
die **Bo**|**tin**, die Bo|tin|nen
die **Bot**|**schaft**, die Bot|schaf|ten
bo|**xen**, du boxt
er **brach** ◁ brechen
sie **brach**|**te** ◁ bringen
der **Brand**, die Brän|de ❻
Bran|**den**|**burg**
die **Bran**|**dung**,
die Bran|dun|gen
es **brann**|**te** ◁ brennen

bra|ten, du brätst, er briet

der **Bra|ten**, die Bra|ten

die **Brat|sche**, die Brat|schen

du **brätst** ◁ braten

der **Brauch**, die Bräu|che

brau|chen, du brauchst

brau|en, du braust

die **Brau|e|rei**, die Brau|e|rei|en

braun

bräu|nen, du bräunst

die **Brau|se**, die Brau|sen

brau|sen, du braust

die **Braut**, die Bräu|te ❹

der **Bräu|ti|gam**,
die Bräu|ti|ga|me

brav

bra|vo

bre|chen, du brichst,
er brach

der **Brei**, die Breie

breit

die **Brei|te**, die Brei|ten

Bre|men

die **Brem|se**, die Brem|sen

brem|sen, du bremst

bren|nen, es brennt,
es brannte

die **Brenn|nes|sel**,
die Brenn|nes|seln ❸

brenz|lig

das **Brett**, die Bret|ter

die **Bre|zel**, die Bre|zeln

du **brichst** ◁ brechen

der **Brief**, die Brie|fe

er **briet** ◁ braten

die **Bril|le**, die Bril|len

brin|gen, du bringst,
sie brachte

die **Bri|se**, die Bri|sen

brö|ckeln, es bröckelt

der **Bro|cken**, die Bro|cken

der **Brok|ko|li**, die Brok|ko|lis

die **Brom|bee|re**,
die Brom|bee|ren

die **Bron|ze**

das **Brot**, die Bro|te

das **Bröt|chen**, die Bröt|chen

der **Bruch**, die Brü|che

die **Brü|cke**, die Brü|cken

der **Bru|der**, die Brü|der

brül|len, du brüllst

brum|men, du brummst

brum|mig

der **Brunch**, die Brun|che –
Brun|ches – Brunchs

der **Brun|nen**, die Brun|nen

die **Brust**, die Brüs|te

die **Brut**

bru|tal
die **Bru|ta|li|tät**,
die Bru|ta|li|tä|ten
brü|ten, du brütest
brut|zeln, es brutzelt
bspw. (beispielsweise)
der **Bub**, die Bu|ben
das **Buch**, die Bü|cher
die **Bu|che**, die Bu|chen
die **Bü|che|rei**,
die Bü|che|rei|en
die **Büch|se**, die Büch|sen
der **Buch|sta|be**,
die Buch|sta|ben
buch|sta|bie|ren,
du buchstabierst
die **Bucht**, die Buch|ten
die **Buch|se**, die Buch|sen
der **Bu|ckel**, die Bu|ckel
sich **bü|cken**, du bückst dich
bud|deln, du buddelst
der **Bud|dha**, die Bud|dhas
der **Bud|dhis|mus**
bud|dhis|tisch
die **Bu|de**, die Bu|den
der **Büf|fel**, die Büf|fel
der **Bü|gel**, die Bü|gel
bü|geln, du bügelst
der **Bug|gy**, die Bug|gys

bu|hen, du buhst
die **Büh|ne**, die Büh|nen
Bul|ga|ri|en
der **Bul|gur**
der **Bul|le**, die Bul|len
der **Bu|me|rang**,
die Bu|me|rangs –
Bu|me|ran|ge
bum|meln, du bummelst ❺
das **Bund** (z.B. Möhren),
die Bun|de ❻
der **Bund** (z.B. Geheimbund),
die Bün|de
das **Bün|del**, die Bün|del
der **Bun|des|kanz|ler**,
die Bun|des|kanz|ler
die **Bun|des|kanz|le|rin**,
die Bun|des|kanz|le|rin|nen
das **Bun|des|land**,
die Bun|des|län|der ❹
die **Bun|des|li|ga**
die **Bun|des|re|pu|blik**
die **Bun|des|wehr**
bunt
der **Bunt|stift**, die Bunt|stif|te ❸
die **Burg**, die Bur|gen
der **Bür|ger**, die Bür|ger
die **Bür|ge|rin**,
die Bür|ge|rin|nen ❼

C

der **Bür|ger|meis|ter**,
   die Bür|ger|meis|ter
die **Bür|ger|meis|te|rin**,
   die Bür|ger|meis|te|rin|nen
das **Bü|ro**, die Bü|ros
die **Bü|ro|klam|mer**,
   die Bü|ro|klam|mern
der **Bur|sche**, die Bur|schen
die **Bürs|te**, die Bürs|ten
   bürs|ten, du bürstest
der **Bus**, die Bus|se

der **Busch**, die Bü|sche
der **Bu|sen**, die Bu|sen ❶
die **Bus|hal|te|stel|le**,
   die Bus|hal|te|stel|len
der **Bus|sard**,
   die Bus|sar|de
   Buß- und Bet|tag
die **Bu|ße**, die Bu|ßen
   bü|ßen, du büßt
die **But|ter**
   bzw. (beziehungsweise)

   ca. (circa – zirka)
das **Ca|brio**, die Ca|bri|os
das **Ca|fé**, die Ca|fés
   cam|pen, du campst
der **Cam|ping|platz**,
   die Cam|ping|plät|ze
die **CD**, die CDs
der **CD-Play|er**, die CD-Play|er
die **CD-ROM**, die CD-ROMs
das **Cel|lo**, die Cel|li – Cel|los

   Cel|si|us (z.B. 5 °C)
der **Cent**, die Cents (z.B. 10 ct)
das **Cen|ter**, die Cen|ter
das **Cha|mä|le|on**,
   die Cha|mä|le|ons ❽
der **Cham|pig|non**,
   die Cham|pig|nons
der **Cham|pi|on**,
   die Cham|pi|ons
die **Chan|ce**, die Chan|cen ❽

Cha|nuk|ka
das Cha|os
cha|o|tisch
der Cha|rak|ter,
die Cha|rak|te|re
die Charts
chat|ten, du chattest
der Chef, die Chefs
die Che|fin, die Che|fin|nen
die Che|mie
che|misch
chic – schick
der Chi|co|rée, die Chi|co|rées
chil|len, du chillst
der Chip, die Chips ❽
der Chi|rurg, die Chi|rur|gen
die Chi|rur|gin,
die Chi|rur|gin|nen
der Chor, die Chö|re
der Christ, die Chris|ten
Chris|ti Him|mel|fahrt
die Chris|tin, die Chris|tin|nen
der Christ|baum,
die Christ|bäu|me
christ|lich
das Christ|kind
cir|ca – zirka (ca.)
der Cir|cus – Zir|kus,
die Cir|cus|se – Zir|kus|se

die Ci|ty, die Ci|tys
cle|ver
der Clown, die Clowns
der Club – Klub,
die Clubs – Klubs
cm (Zentimeter)
der Code – Kode,
die Codes – Kodes
Co|la
der Co|mic, die Co|mics
der Com|pu|ter,
die Com|pu|ter ❷
der Con|tai|ner,
die Con|tai|ner
cool
die Corn|flakes
die Couch, die Couchs
das Cous|cous –
der Cous|cous – Kus|kus
der Cou|sin, die Cou|sins
die Cou|si|ne,
die Cou|si|nen
der Cow|boy, die Cow|boys
das Cow|girl, die Cow|girls
die Creme, die Cremes
ct (Cent)
die Cur|ry|wurst,
die Cur|ry|wür|ste
der Cur|sor, die Cur|sor

D

da
da|bei
da|blei|ben, du bleibst da
das **Dach**, die Dä|cher
sie **dach|te** ◁ denken
der **Dachs**, die Dach|se ❽
da|durch
da|für
da|ge|gen
da|heim
da|her
da|hin
da|hin|ter
da|mals
die **Da|me**, die Da|men
da|mit
der **Damm**, die Däm|me
die **Däm|me|rung**,
die Däm|me|run|gen
der **Dampf**, die Dämp|fe
damp|fen, es dampft
der **Damp|fer**, die Damp|fer
da|nach
da|ne|ben

Dä|ne|mark
der **Dank**
dank|bar
dan|ken, du dankst
dann
da|ran
da|rauf
da|raus
du **darfst** ◁ dürfen
da|rin
der **Darm**, die Där|me
da|rü|ber
da|rum
da|run|ter
das
dass
das|sel|be
die **Da|tei**, die Da|tei|en
die **Da|ten**
der **Da|tiv**, die Da|ti|ve
das **Da|tum**, die Da|ten
dau|ern, es dauert
dau|ernd
der **Dau|men**, die Dau|men
da|von
da|vor
da|zu
da|zwi|schen
die **De|cke**, die De|cken

de|cken, du deckst
deh|nen, du dehnst
der **Deich**, die Dei|che
dein
dei|ne
dei|ner
dei|net|we|gen
der **Del|fin** – Del|phin,
die Del|fi|ne – Del|phi|ne
die **Del|le**, die Del|len ❺
der **Del|phin** – Del|fin,
die Del|phi|ne – Del|fi|ne
dem
dem|nach
dem|nächst
die **De|mo|kra|tie**,
die De|mo|kra|ti|en
de|mo|kra|tisch
die **De|mons|tra|ti|on**,
die De|mons|tra|ti|o|nen
de|mons|trie|ren,
du demonstrierst
den
de|nen
den|ken, du denkst,
sie dachte
das **Denk|mal**, die Denk|mä|ler
denn
den|noch

der
de|ren
der|sel|be
des
des|halb
der **Desk|top**, die Desk|tops
des|sen
des|to
der **De|tek|tiv**, die De|tek|ti|ve
die **De|tek|ti|vin**,
die De|tek|ti|vin|nen
deu|ten, du deutest
deut|lich
deutsch
das **Deutsch**
Deutsch|land
der **De|zem|ber**
der **De|zi|me|ter** (z.B. 7 dm) ❶
der **Di|a|lekt**, die Di|a|lek|te
der **Di|a|mant**, die Di|a|man|ten
die **Di|ät**, die Di|ä|ten
dich
dicht
dich|ten, du dichtest
die **Dich|tung**, die Dich|tun|gen
dick
das **Di|ckicht**, die Di|ckich|te
die
der **Dieb|stahl**, die Dieb|stäh|le

die **Die**|**le**, die Die|len
   die|**nen**, du dienst
der **Dienst**, die Diens|te
der **Diens**|**tag**, die Diens|ta|ge
   diens|**tags**
   dies
   die|**se**
   die|**ser**
   die|**ses**
   die|**sel**|**be**
   die|**sig**
   dies|**mal**
die **Dif**|**fe**|**renz**,
   die Dif|fe|ren|zen
   di|**gi**|**tal**
das **Dik**|**tat**, die Dik|ta|te
die **Dik**|**ta**|**tur**,
   die Dik|ta|tu|ren
   dik|**tie**|**ren**, du diktierst
   DIN (z.B. DIN A4)
das **Ding**, die Din|ge
der **Di**|**no**|**sau**|**ri**|**er**,
   die Di|no|sau|ri|er ❶
   dir
   di|**rekt**
der **Di**|**rek**|**tor**, die Di|rek|to|ren
die **Di**|**rek**|**to**|**rin**,
   die Di|rek|to|rin|nen
der **Di**|**ri**|**gent**, die Di|ri|gen|ten

die **Di**|**ri**|**gen**|**tin**,
   die Di|ri|gen|tin|nen
   di|**ri**|**gie**|**ren**, du dirigierst
die **Dis**|**co** – Dis|ko,
   die Dis|cos – Dis|kos
die **Dis**|**kus**|**si**|**on**,
   die Dis|kus|si|o|nen
   dis|**ku**|**tie**|**ren**, du diskutierst
das **Dis**|**play**, die Dis|plays
die **Dis**|**tel**, die Dis|teln
   di|**vi**|**die**|**ren**, du dividierst
die **Di**|**vi**|**si**|**on**, die Di|vi|si|o|nen
   dm (Dezimeter)
   doch
der **Docht**, die Doch|te
der **Dok**|**tor**, die Dok|to|ren
die **Dok**|**to**|**rin**,
   die Dok|to|rin|nen
das **Do**|**ku**|**ment**,
   die Do|ku|men|te
der **Dolch**, die Dol|che
der **Dol**|**lar**, die Dol|lars
der **Dol**|**met**|**scher**,
   die Dol|met|scher
die **Dol**|**met**|**sche**|**rin**,
   die Dol|met|sche|rin|nen
der **Dom**, die Do|me
die **Do**|**nau**
der **Dö**|**ner**, die Dö|ner

der **Don|ner**, die Don|ner
don|nern, es donnert
der **Don|ners|tag**,
die Don|ners|ta|ge ❻
don|ners|tags
doof
das **Do|ping**, die Do|pings
dop|pelt
der **Dop|pel|punkt**,
die Dop|pel|punk|te
das **Dorf**, die Dör|fer
der **Dorn**, die Dor|nen
dort
die **Do|se**, die Do|sen
dö|sen, du döst
das **Dot|ter** – der Dot|ter,
die Dot|ter
down|loa|den,
du downloadest
der **Dra|che**, die Dra|chen
der **Dra|chen**, die Dra|chen
der **Draht**, die Dräh|te
dran
drän|geln, du drängelst
drän|gen, du drängst
drauf
drau|ßen
der **Dreck**
dre|ckig ❸

dre|hen, du drehst
drei
drei|mal
das **Drei|eck**, die Drei|ecke
drei|eckig
drei|ßig
dre|schen, du drischst,
er drosch
dres|sie|ren, du dressierst
drib|beln, du dribbelst
drin
drin|gend
drin|nen
du **drischst** ◁ dreschen
die **Dro|ge**, die Dro|gen
die **Dro|ge|rie**, die Dro|ge|ri|en
dro|hen, du drohst
dröh|nen, es dröhnt
die **Dro|hung**,
die Dro|hun|gen ❸
er **drosch** ◁ dreschen
die **Dros|sel**, die Dros|seln
der **Druck**, die Dru|cke
dru|cken, du druckst
drü|cken, du drückst
der **Dru|cker**, die Dru|cker
der **Dschun|gel**, die Dschun|gel
du
der **Dü|bel**, die Dü|bel

sich **du|cken**, du duckst dich
der **Duft**, die Düf|te
 duf|ten, du duftest
 dumm, dümmer,
 am dümmsten
 düm|mer,
 am dümmsten ◁ dumm
die **Dumm|heit**,
 die Dumm|hei|ten
 dumpf
die **Dü|ne**, die Dü|nen
der **Dün|ger**, die Dün|ger
 dun|kel
die **Dun|kel|heit**
 dünn
der **Dunst**, die Düns|te
 durch
 durch|ei|nan|der

 durch|läs|sig
der **Durch|mes|ser**,
 die Durch|mes|ser
der **Durch|schnitt**
 durch|schnitt|lich
 durch|sich|tig
 dür|fen, du darfst, er durfte
er **durf|te** ◁ dürfen
 dürr
der **Durst**
 durs|tig ❸
die **Du|sche**, die Du|schen
 du|schen, du duschst
 düs|ter
das **Dut|zend**, die Dut|zen|de
 du|zen, du duzt
die **DVD**, die DVDs
der **Dy|na|mo**, die Dy|na|mos

E

die **Eb|be**, die Eb|ben ❺
 eben
die **Ebe|ne**, die Ebe|nen
 eben|falls

 eben|so
das **Echo**, die Echos
 echt
die **Ecke**, die Ecken

eckig
der **Edel**|**stein**, die Edel|stei|ne
EDV (elektronische
Datenverarbeitung)
der **Efeu**
egal
ego|**is**|**tisch**
die **Ehe**, die Ehen
ehe
eher
die **Eh**|**re**, die Eh|ren
ehr|**gei**|**zig**
ehr|**lich**
das **Ei**, die Ei|er
die **Ei**|**che**, die Ei|chen
die **Ei**|**chel**, die Ei|cheln
das **Eich**|**hörn**|**chen**,
die Eich|hörn|chen
die **Ei**|**dech**|**se**, die Ei|dech|sen
ei|**fer**|**süch**|**tig**
eif|**rig**
ei|**gen**
ei|**gen**|**ar**|**tig** ❻
die **Ei**|**gen**|**schaft**,
die Ei|gen|schaf|ten
ei|**gen**|**sin**|**nig**
ei|**gent**|**lich**
das **Ei**|**gen**|**tum**,
die Ei|gen|tü|mer

sich **eig**|**nen**, du eignest dich
die **Ei**|**le**
ei|**len**, du eilst
ei|**lig**
der **Ei**|**mer**, die Ei|mer
ein
ei|**nan**|**der**
ei|**ne**
ei|**ner**
ei|**nes**
die **Ein**|**bahn**|**stra**|**ße**,
die Ein|bahn|stra|ßen ❶
der **Ein**|**band**, die Ein|bän|de
sich **ein**|**bil**|**den**,
du bildest dir ein
der **Ein**|**bre**|**cher**,
die Ein|bre|cher
die **Ein**|**bre**|**che**|**rin**,
die Ein|bre|che|rin|nen
ein|**deu**|**tig**
der **Ein**|**druck**, die Ein|drü|cke
ein|**drucks**|**voll**
ein|**ei**|**ig**
ein|**fach**
die **Ein**|**fahrt**, die Ein|fahr|ten
ein|**fal**|**len**, dir fällt ein,
ihr fiel ein
ein|**far**|**big** ❺
der **Ein**|**fluss**, die Ein|flüs|se

ein|fü|gen, du fügst ein
der Ein|gang, die Ein|gän|ge
ein|ge|ben, du gibst ein,
er gab ein
ein|ge|bil|det
ein|hef|ten, du heftest ein
ein|hei|misch
die Ein|heit, die Ein|hei|ten
ein|hun|dert
ei|ni|ge
sich ei|ni|gen, du einigst dich
ei|ni|ger|ma|ßen
ein|kau|fen, du kaufst ein
ein|la|den, du lädst ein,
er lud ein
die Ein|lei|tung,
die Ein|lei|tun|gen
sich ein|log|gen,
du loggst dich ein
ein|mal
das Ein|mal|eins
ein|ma|lig
ein|neh|men, du nimmst ein,
sie nahm ein
sich ein|prä|gen,
du prägst dir ein
die Ein|rich|tung,
die Ein|rich|tun|gen
eins

ein|sam
ein|sam|meln,
du sammelst ein
ein|sei|tig ❻
ein|sper|ren, du sperrst ein
ein|spu|rig
einst
ein|stim|mig
ein|tra|gen, du trägst ein,
sie trug ein
ein|ver|stan|den
der Ein|wand, die Ein|wän|de
der Ein|wan|de|rer,
die Ein|wan|de|rer
die Ein|wan|de|rin,
die Ein|wan|de|rin|nen
ein|wand|frei
der Ein|woh|ner,
die Ein|woh|ner ❹
die Ein|woh|ne|rin,
die Ein|woh|ne|rin|nen
die Ein|zahl
die Ein|zel|heit,
die Ein|zel|hei|ten
ein|zeln
ein|zig
ein|zig|ar|tig
das Eis, die Eis
das Ei|sen, die Ei|sen

die **Ei|sen|bahn**,
    die Ei|sen|bah|nen
das **Eis|ho|ckey**
    ei|sig
    ei|tel
der **Ei|ter**
    ei|te|rig – eit|rig
der **Ekel**
    eke|lig – ek|lig
sich **ekeln**, du ekelst dich
die **El|be**
der **Elch**, die El|che
der **Ele|fant**, die Ele|fan|ten
    ele|gant
der **Elek|tri|ker**, die Elek|tri|ker
die **Elek|tri|ke|rin**,
    die Elek|tri|ke|rin|nen
    elek|trisch
die **Elek|tri|zi|tät** ❶
    elek|tro|nisch
das **Ele|ment**, die Ele|men|te
das **Elend**
    elf
der **Ell|bo|gen** – El|len|bo|gen,
    die Ell|bo|gen –
    El|len|bo|gen
die **Els|ter**, die Els|tern
die **El|tern**
die **E-Mail**, die E-Mails

sie **emp|fahl** ◁ empfehlen
er **emp|fand** ◁ empfinden
    emp|fan|gen, du empfängst,
    sie empfing
du **emp|fängst** ◁ empfangen
    emp|feh|len, du empfiehlst,
    sie empfahl
du **emp|fiehlst** ◁ empfehlen
    emp|fin|den, du empfindest,
    er empfand
    emp|find|lich
sie **emp|fing** ◁ empfangen
    em|por
sich **em|pö|ren**, du empörst dich
    em|pört
das **En|de**, die En|den
    end|gül|tig
    end|lich
    end|los
die **En|dung**, die En|dun|gen
die **Ener|gie**, die Ener|gi|en ❹
    ener|gie|spa|rend
    ener|gisch
    eng
sich **en|ga|gie|ren**,
    du engagierst dich
der **En|gel**, die En|gel
    Eng|land
das **Eng|lisch**

der **En|kel**, die En|kel

die **En|ke|lin**, die En|ke|lin|nen

enorm

die **Ent|bin|dung**,

die Ent|bin|dun|gen

ent|de|cken, du entdeckst

die **En|te**, die En|ten

die **En|ter|tas|te**,

die En|ter|tas|ten

sich **ent|fer|nen**,

du entfernst dich

ent|füh|ren, du entführst

ent|ge|gen

ent|geg|nen, du entgegnest

ent|lang

ent|las|sen, du entlässt,

sie entließ

sie **ent|ließ** ◁ entlassen

ent|schei|den,

du entscheidest,

er entschied

die **Ent|schei|dung**,

die Ent|schei|dun|gen

er **ent|schied** ◁ entscheiden

sich **ent|schlie|ßen**,

du entschließt dich,

sie entschloss sich

sie **ent|schloss** sich ◁ sich

entschließen

der **Ent|schluss**,

die Ent|schlüs|se

sich **ent|schul|di|gen**,

du entschuldigst dich

die **Ent|schul|di|gung**,

die Ent|schul|di|gun|gen

ent|setz|lich

ent|setzt

die **Ent|span|nung**,

die Ent|span|nun|gen

ent|täuscht

die **Ent|täu|schung**,

die Ent|täu|schun|gen

ent|we|der

ent|wi|ckeln, du entwickelst

die **Ent|wick|lung**,

die Ent|wick|lun|gen

der **Ent|wurf**, die Ent|wür|fe

ent|zü|ckend

die **Ent|zün|dung**,

die Ent|zün|dun|gen ❶

ent|zwei

er

das **Er|be**

er|ben, du erbst

die **Erb|se**, die Erb|sen

das **Erd|be|ben**, die Erd|be|ben

die **Erd|bee|re**, die Erd|bee|ren

die **Er|de**

die **Erd|kun|de**

die **Erd|nuss**, die Erd|nüs|se

sich **er|eig|nen**, es ereignet sich

das **Er|eig|nis**,
die Er|eig|nis|se ❸

er|fah|ren, du erfährst,
er erfuhr

du **er|fährst** ◁ erfahren

die **Er|fah|rung**,
die Er|fah|run|gen

die **Er|fin|dung**,
die Er|fin|dun|gen

er|fin|de|risch

der **Er|folg**, die Er|fol|ge

er|folg|reich

er|freu|lich

er|fri|schend

er **er|fuhr** ◁ erfahren

er|gän|zen, du ergänzt

das **Er|geb|nis**,
die Er|geb|nis|se

er|hol|sam

sich **er|in|nern**, du erinnerst dich

die **Er|in|ne|rung**,
die Er|in|ne|run|gen

sich **er|käl|ten**, du erkältest dich

die **Er|käl|tung**,
die Er|käl|tun|gen ❹

sie **er|kann|te** ◁ erkennen

er|ken|nen, du erkennst,
sie erkannte

er|klä|ren, du erklärst

die **Er|klä|rung**,
die Er|klä|run|gen

sich **er|kun|di|gen**,
du erkundigst dich

er|lau|ben, du erlaubst

er|le|ben, du erlebst

das **Er|leb|nis**, die Er|leb|nis|se

er|le|di|gen, du erledigst

er|le|digt

er|leich|tert

er|lö|sen, du erlöst

er|mah|nen, du ermahnst

er|mä|ßigt

sich **er|näh|ren**, du ernährst dich

die **Er|näh|rung** ❹

ernst

der **Ernst**

ernst|haft

die **Ern|te**, die Ern|ten

ern|ten, du erntest

er|obern, du eroberst

die **Er|pres|sung**,
die Er|pres|sun|gen

er|ra|ten, du errätst, er erriet

du **er|rätst** ◁ erraten

er|rei|chen, du erreichst

er **er|riet** ◁ erraten

der **Er|satz**

er|schöpft

sie **er|schrak** ◁ erschrecken

er|schre|cken,
du erschrickst, sie erschrak

du **er|schrickst** ◁ erschrecken

er|schüt|ternd

er|set|zen, du ersetzt

erst

er|star|ren, du erstarrst

er|staunt

die **Ers|te Hil|fe**

ers|tens

er|sti|cken, du erstickst

er|tap|pen, du ertappst

sie **er|trank** ◁ ertrinken

er|trin|ken, du ertrinkst,
sie ertrank

er|wach|sen

der **Er|wach|se|ne**,
die Er|wach|se|nen

die **Er|wach|se|ne**,
die Er|wach|se|nen

er|war|ten, du erwartest

die **Er|war|tung**,
die Er|war|tun|gen

er|wi|dern, du erwiderst

er|zäh|len, du erzählst

die **Er|zäh|lung**,
die Er|zäh|lun|gen ❸

er|zie|hen, du erziehst

die **Er|zie|hung**

der **Er|zie|her**, die Er|zie|her,

die **Er|zie|he|rin**,
die Er|zie|he|rin|nen

es

der **Esel**, die Esel

der **Es|ki|mo**, die Es|ki|mos

ess|bar

das **Es|sen**, die Es|sen

es|sen, du isst, sie aß

der **Es|sig**, die Es|si|ge

Est|land

die **Eta|ge**, die Eta|gen

die **Etap|pe**, die Etap|pen

das **Eti|kett**,
die Eti|ket|ten – Eti|ketts ❽

et|wa

et|was

die **EU** (Europäische Union)

euch

eu|er

eu|re – eu|e|re

die **Eu|le**, die Eu|len

der **Eu|ro**, die Eu|ros (z.B. 9 €)

Eu|ro|pa

eu|ro|pä|isch

das **Eu|ter**, die Eu|ter
    evan|ge|lisch
das **Evan|ge|li|um**,
    die Evan|ge|li|en
    even|tu|ell (evtl.)
    evtl. (eventuell)
    ewig
    exakt
das **Exa|men**, die Exa|men
das **Exem|plar**, die Exem|pla|re
die **Exis|tenz**, die Exis|ten|zen
    exis|tie|ren, du existierst
    exo|tisch

die **Ex|pe|di|ti|on**,
    die Ex|pe|di|ti|o|nen
das **Ex|pe|ri|ment**,
    die Ex|pe|ri|men|te ❶
    ex|pe|ri|men|tie|ren,
    du experimentierst
der **Ex|per|te**, die Ex|per|ten
die **Ex|per|tin**, die Ex|per|tin|nen
    ex|plo|die|ren, es explodiert
die **Ex|plo|si|on**,
    die Ex|plo|si|o|nen
    ex|tra
    ex|trem

die **Fa|bel**, die Fa|beln
    fa|bel|haft
die **Fa|brik**, die Fa|bri|ken
das **Fach**, die Fä|cher
die **Fa|ckel**, die Fa|ckeln
der **Fa|den**, die Fä|den
    fä|hig
die **Fä|hig|keit**,
    die Fä|hig|kei|ten

    fahn|den, du fahndest
die **Fahn|dung**,
    die Fahn|dun|gen
die **Fah|ne**, die Fah|nen
die **Fäh|re**, die Fäh|ren
    fah|ren, du fährst, sie fuhr
das **Fahr|rad**, die Fahr|rä|der
    du **fährst** ◁ fahren ❹
die **Fahrt**, die Fahr|ten

die **Fähr|te**, die Fähr|ten

das **Fahr|zeug**, die Fahr|zeu|ge

fair

die **Fair|ness**

der **Fal|ke**, die Fal|ken

der **Fak|tor**, die Fak|to|ren

der **Fall**, die Fäl|le

die **Fal|le**, die Fal|len

fal|len, du fällst, er fiel

fäl|len, du fällst

falls

du **fällst** ◁ fallen

der **Fall|schirm**,
die Fall|schir|me

falsch

fäl|schen, du fälschst

die **Fal|te**, die Fal|ten

fal|ten, du faltest

der **Fal|ter**, die Fal|ter

fal|tig

die **Fa|mi|lie**, die Fa|mi|li|en

der **Fan**, die Fans

er **fand** ◁ finden

fan|gen, du fängst,
sie fing

du **fängst** ◁ fangen

die **Fan|ta|sie** – Phan|ta|sie,
die Fan|ta|sien –
Phan|ta|sien

fan|tas|tisch –
phan|tas|tisch

die **Far|be**, die Far|ben

fär|ben, du färbst ❹

far|big

die **Farm**, die Far|men

der **Farn**, die Far|ne

der **Fa|sching**

die **Fa|ser**, die Fa|sern

das **Fass**, die Fäs|ser

fas|sen, du fasst

die **Fas|sung**, die Fas|sun|gen

fast

fas|ten, du fastest

das **Fast Food** – Fast|food

die **Fast|nacht**

fau|chen, du fauchst

faul

fau|len, es fault

die **Faul|heit**

fau|len|zen, du faulenzt

die **Faust**, die Fäus|te

der **Fa|vo|rit**, die Fa|vo|ri|ten

die **Fa|vo|ri|tin**,
die Fa|vo|ri|tin|nen

das **Fax**, die Fa|xe

die **Fa|xen**

der **Fe|bru|ar** ❶

fech|ten, du fichtst, sie focht

die **Fe|der**, die Fe|dern
die **Fee**, die Fe|en
    fe|gen, du fegst
    feh|len, du fehlst
der **Feh|ler**, die Feh|ler
    feh|ler|frei
die **Fei|er**, die Fei|ern
    fei|er|lich
    fei|ern, du feierst
    feig – fei|ge
die **Fei|ge**, die Fei|gen
der **Feig|ling**, die Feig|lin|ge
    fei|len, du feilst
    fein
der **Feind**, die Fein|de
die **Fein|din**, die Fein|din|nen
    feind|lich
das **Feld**, die Fel|der
die **Fel|ge**, die Fel|gen
das **Fell**, die Fel|le
der **Fels** – Fel|sen, die Fel|sen
    fel|sig ❻
der **Fen|chel**
das **Fens|ter**, die Fens|ter
die **Fe|ri|en**
das **Fer|kel**, die Fer|kel
    fern
die **Fer|ne**, die Fer|nen
das **Fern|se|hen**

fern|se|hen, du siehst fern,
    er sah fern
die **Fer|se**, die Fer|sen
    fer|tig
die **Fes|sel**, die Fes|seln
    fes|seln, du fesselst
    fest
das **Fest**, die Fes|te
    fest|lich
    fett
    fet|tig
der **Fet|zen**, die Fet|zen
    feucht
die **Feuch|tig|keit**
das **Feu|er**, die Feu|er
die **Feu|er|wehr**,
    die Feu|er|weh|ren
das **Feu|er|werk**,
    die Feu|er|wer|ke
    feu|rig
die **Fich|te**, die Fich|ten
    du **fichtst** ◁ fechten
das **Fie|ber**, die Fie|ber
    fieb|rig, **fie|be|rig**
    er **fiel** ◁ fallen
    fies
die **Fi|gur**, die Fi|gu|ren ❽
die **Fi|li|a|le**, die Fi|li|a|len
der **Film**, die Fil|me

fil|tern, du filterst

der **Filz|stift**, die Filz|stif|te

fi|nan|zie|ren, du finanzierst

fin|den, du findest, er fand

sie **fing** ◁ fangen

der **Fin|ger**, die Fin|ger

Finn|land

fins|ter

die **Fins|ter|nis**, die Fins|ter|nis|se

die **Fir|ma**, die Fir|men

die **Fir|mung**, die Fir|mun|gen

der **Fisch**, die Fi|sche

fit, fitter, am fittesten

die **Fit|ness**

fit|ter, am fittesten ◁ fit

fix

flach

die **Flä|che**, die Flä|chen

fla|ckern, es flackert

der **Fla|den**, die Fla|den

die **Flag|ge**, die Flag|gen ❶

der **Fla|min|go**, die Fla|min|gos

die **Flam|me**, die Flam|men

die **Fla|sche**, die Fla|schen

flat|tern, es flattert

flau

flau|mig

flech|ten, du flichtst, er flocht

der **Fleck**, die Fle|cken

fle|ckig

die **Fle|der|maus**, die Fle|der|mäu|se

fle|hen, du flehst

das **Fleisch**

der **Fleiß**

flei|ßig

du **flichtst** ◁ flechten

fli|cken, du flickst

der **Flie|der**, die Flie|der

die **Flie|ge**, die Flie|gen

flie|gen, du fliegst, sie flog

flie|hen, du fliehst, er floh

die **Flie|se**, die Flie|sen

flie|ßen, es fließt, es floss

flim|mern, es flimmert

flink

flit|zen, du flitzt

er **flocht** ◁ flechten

die **Flo|cke**, die Flo|cken

sie **flog** ◁ fliegen

der **Floh**, die Flö|he

er **floh** ◁ fliehen

das **Floß**, die Flö|ße ❽

es **floss** ◁ fließen

die **Flos|se**, die Flos|sen

die **Flö|te**, die Flö|ten

der **Fluch**, die Flü|che

flu|chen, du fluchst

die **Flucht**, die Fluch|ten

flüch|ten, du flüchtest

der **Flücht|ling**, die Flücht|lin|ge

der **Flug**, die Flü|ge

der **Flü|gel**, die Flü|gel

flüg|ge

das **Flug|zeug**, die Flug|zeu|ge

der **Flur**, die Flu|re

der **Fluss**, die Flüs|se

flüs|sig

die **Flüs|sig|keit**,
die Flüs|sig|kei|ten

flüs|tern, du flüsterst

die **Flut**, die Flu|ten

der **Fly|er**, die Fly|er

sie **focht** ◁ fechten

das **Foh|len**, die Foh|len

der **Föhn**, die Föh|ne

die **Fol|ge**, die Fol|gen

fol|gen, du folgst

die **Fo|lie**, die Fo|li|en

fol|tern, es wird gefoltert

for|dern, du forderst

för|dern, du förderst

die **Fo|rel|le**, die Fo|rel|len

die **Form**, die For|men

for|men, du formst

das **For|mu|lar**, die For|mu|la|re

for|schen, du forschst

die **For|schung**,
die For|schun|gen

fort

der **Fort|schritt**,
die Fort|schrit|te

fort|schritt|lich

die **Fort|set|zung**,
die Fort|set|zun|gen

das **Fo|to**, die Fo|tos

die **Fo|to|gra|fie**,
die Fo|to|gra|fi|en ❶

fo|to|gra|fie|ren,
du fotografierst

die **Fo|to|ko|pie**,
die Fo|to|ko|pi|en

das **Foul**, die Fouls

der **Frach|ter**, die Frach|ter

die **Fra|ge**, die Fra|gen

fra|gen, du fragst

das **Fra|ge|zei|chen**,
die Fra|ge|zei|chen

Frank|reich

das **Fran|zö|sisch**

es **fraß** ◁ fressen

die **Frau**, die Frau|en

frech

die **Frech|heit**, die Frech|hei|ten
    frei
    frei|hän|dig ❹
die **Frei|heit**, die Frei|hei|ten
    frei|lich
der **Frei|tag**, die Frei|ta|ge
    frei|tags
    frei|wil|lig
die **Frei|zeit**
    fremd
der **Frem|de**, die Frem|den
die **Frem|de**, die Frem|den
die **Fremd|spra|che**,
    die Fremd|spra|chen
    fres|sen, es frisst, es fraß
die **Freu|de**, die Freu|den
sich **freu|en**, du freust dich
der **Freund**, die Freun|de
die **Freun|din**, die Freun|din|nen
    freund|lich
die **Freund|schaft**,
    die Freund|schaf|ten
    freund|schaft|lich
der **Frie|de** – Frie|den,
    die Frie|den
der **Fried|hof**, die Fried|hö|fe
    fried|lich
    frie|ren, du frierst, sie fror
    frisch

    fri|sie|ren, du frisierst
es **frisst** ◁ fressen
die **Frist**, die Fris|ten
    frist|los
die **Fri|sur**, die Fri|su|ren
    froh
die **Fröh|lich|keit**
    fröh|lich
    fromm
    Fron|leich|nam
    fron|tal
sie **fror** ◁ frieren
der **Frosch**, die Frö|sche
der **Frost**, die Frös|te
    frös|teln, du fröstelst
    fros|tig
die **Frucht**, die Früch|te
    frucht|bar
    früh
    frü|her
    frü|hes|tens – frühs|tens
das **Früh|jahr**, die Früh|jah|re
der **Früh|ling**, die Früh|lin|ge
das **Früh|stück**, die Früh|stü|cke
der **Fuchs**, die Füch|se ❽
die **Fu|ge**, die Fu|gen
    füh|len, du fühlst
der **Füh|ler** (z.B. eines Käfers),
    die Füh|ler

sie **fuhr** ◁ fahren
füh|ren, du führst
fül|len, du füllst
der **Fül|ler** (Schreibgerät),
die Fül|ler
der **Fund**, die Fun|de
fünf
fünf|mal
fünf|zig ❻
der **Fun|ke** – Fun|ken,
die Fun|ken
fun|keln, es funkelt
funk|ti|o|nie|ren,
es funktioniert
für

die **Furcht**
furcht|bar
fürch|ten, du fürchtest
fürch|ter|lich
für|ei|nan|der ❸
der **Fuß**, die Fü|ße ❽
der **Fuß|ball**
der **Fuß|gän|ger**,
die Fuß|gän|ger
die **Fuß|gän|ge|rin**,
die Fuß|gän|ge|rin|nen
das **Fut|ter** ❺
fut|tern, du futterst
füt|tern, du fütterst
das **Fu|tur**

G

g (Gramm)
er **gab** ◁ geben
die **Ga|bel**, die Ga|beln ❶
der **Ga|bel|stap|ler**,
die Ga|bel|stap|ler
ga|ckern, es gackert
gaf|fen, du gaffst

der **Gag**, die Gags
gäh|nen, du gähnst
die **Ga|la|xie**, die Ga|la|xi|en
die **Gal|le**, die Gal|len
ga|lop|pie|ren,
es galoppiert ❶
es **galt** ◁ gelten

gam|meln, du gammelst
der **Gang**, die Gän|ge ❻
die **Gang|schal|tung**,
   die Gang|schal|tun|gen
die **Gans**, die Gän|se
das **Gän|se|blüm|chen**,
   die Gän|se|blüm|chen ❼
das **Gän|se|füß|chen**,
   die Gän|se|füß|chen
   ganz
   gänz|lich
   gar
die **Ga|ra|ge**, die Ga|ra|gen
die **Ga|ran|tie**, die Ga|ran|ti|en
   ga|ran|tie|ren,
   du garantierst
die **Gar|de|ro|be**,
   die Gar|de|ro|ben
die **Gar|di|ne**, die Gar|di|nen
der **Gar|ten**, die Gär|ten
der **Gärt|ner**, die Gärt|ner
die **Gärt|ne|rin**,
   die Gärt|ne|rin|nen
das **Gas**, die Ga|se
die **Gas|se**, die Gas|sen
der **Gast**, die Gäs|te ❹
die **Gast|stät|te**,
   die Gast|stät|ten
die **Gau|di**

der **Gaul**, die Gäu|le
der **Gau|men**, die Gau|men
der **Gau|ner**, die Gau|ner
die **Gau|ne|rin**,
   die Gau|ne|rin|nen
die **Ga|zel|le**, die Ga|zel|len
   GB (Gigabyte)
das **Ge|bäck**, die Ge|bä|cke
sie **ge|bar** ◁ gebären
die **Ge|bär|den|spra|che**,
   die Ge|bär|den|spra|chen
   ge|bä|ren, sie gebärt,
   sie gebar
das **Ge|bäu|de**, die Ge|bäu|de
   ge|ben, du gibst, er gab
das **Ge|bet**, die Ge|be|te
das **Ge|biet**, die Ge|bie|te
   ge|bil|det
das **Ge|bir|ge**, die Ge|bir|ge ❷
das **Ge|biss**, die Ge|bis|se
   ge|bis|sen ◁ beißen
   ge|blie|ben ◁ bleiben
   ge|blümt
   ge|bo|gen ◁ biegen
   ge|bo|ren
das **Ge|bot**, die Ge|bo|te
   ge|bo|ten ◁ bieten
   ge|bracht ◁ bringen
   ge|brannt ◁ brennen

ge|brau|chen,
du gebrauchst
ge|braucht
ge|brech|lich
ge|bro|chen ◁ brechen
die Ge|bühr, die Ge|büh|ren
ge|bun|den ◁ binden
die Ge|burt, die Ge|bur|ten
der Ge|burts|tag,
die Ge|burts|ta|ge
das Ge|büsch, die Ge|bü|sche
ge|dacht ◁ denken
das Ge|dächt|nis,
die Ge|dächt|nis|se
der Ge|dan|ke,
die Ge|dan|ken
ge|dei|hen, es gedeiht,
es gedieh
das Ge|dicht, die Ge|dich|te
es gedieh ◁ gedeihen
das Ge|drän|ge
ge|dro|schen ◁ dreschen
ge|druckt ◁ drucken
die Ge|duld
ge|dul|dig
ge|durft ◁ dürfen
ge|eig|net ◁ eignen
die Ge|fahr, die Ge|fah|ren
ge|fähr|lich

ge|fal|len, du gefällst,
es gefiel
du ge|fällst ◁ gefallen
ge|fäl|ligst
ge|fan|gen
das Ge|fäng|nis,
die Ge|fäng|nis|se ❼
das Ge|fäß, die Ge|fä|ße
das Ge|fie|der, die Ge|fie|der ❷
es ge|fiel ◁ gefallen
ge|floch|ten ◁ flechten
ge|flo|gen ◁ fliegen
ge|flo|hen ◁ fliehen
ge|flos|sen ◁ fließen
das Ge|flü|gel
ge|frä|ßig
ge|frie|ren, es gefriert,
es gefror
es ge|fror ◁ gefrieren
das Ge|fühl, die Ge|füh|le
ge|fun|den ◁ finden
ge|gan|gen ◁ gehen
ge|gen
die Ge|gend,
die Ge|gen|den ❻
ge|gen|ei|nan|der
der Ge|gen|satz,
die Ge|gen|sät|ze
ge|gen|sei|tig

der **Ge|gen|stand**,
die Ge|gen|stän|de
das **Ge|gen|teil**,
die Ge|gen|tei|le
ge|gen|über
die **Ge|gen|wart**
ge|glit|ten ◁ gleiten
der **Geg|ner**, die Geg|ner
die **Geg|ne|rin**,
die Geg|ne|rin|nen
ge|gol|ten ◁ gelten
ge|gos|sen ◁ gießen
ge|grif|fen ◁ greifen
ge|habt ◁ haben
das **Ge|halt**, die Ge|häl|ter
ge|han|gen ◁ hängen
ge|häs|sig
das **Ge|häu|se**, die Ge|häu|se
das **Ge|he|ge**, die Ge|he|ge
ge|heim
das **Ge|heim|nis**,
die Ge|heim|nis|se
ge|heim|nis|voll
ge|hen, du gehst, er ging
ge|heu|er
das **Ge|hirn**, die Ge|hir|ne
ge|ho|ben ◁ heben
ge|hol|fen ◁ helfen
das **Ge|hör**

ge|hor|chen, du gehorchst
ge|hö|ren, es gehört
ge|hör|los
ge|hor|sam
der **Geh|steig**, die Geh|stei|ge
der **Gei|er**, die Gei|er
die **Gei|ge**, die Gei|gen ❶
die **Gei|sel**, die Gei|seln
der **Geist**, die Geis|ter
geis|tig
der **Geiz**
der **Geiz|hals**, die Geiz|häl|se
gei|zig
ge|kannt ◁ kennen ❺
ge|klun|gen ◁ klingen
ge|knif|fen ◁ kneifen
ge|konnt ◁ können
das **Ge|läch|ter**,
die Ge|läch|ter ❹
ge|lähmt
das **Ge|län|de**, die Ge|län|de
das **Ge|län|der**, die Ge|län|der
es **ge|lang** ◁ gelingen
ge|las|sen
ge|launt
gelb
das **Geld**, die Gel|der
die **Geld|bör|se**,
die Geld|bör|sen

das **Ge|lee**, die Ge|lees
ge|le|gen ◁ liegen
die **Ge|le|gen|heit**,
die Ge|le|gen|hei|ten
ge|le|gent|lich
ge|lehrt ◁ lehren
das **Ge|lenk**, die Ge|len|ke
ge|len|kig
ge|liebt ◁ lieben
ge|lie|hen ◁ leihen
ge|lin|gen, es gelingt,
es gelang
ge|lit|ten ◁ leiden
ge|lockt
ge|lo|gen ◁ lügen
gel|ten, es gilt, es galt
ge|lun|gen ◁ gelingen
ge|mäch|lich
das **Ge|mäl|de**, die Ge|mäl|de
ge|mein
die **Ge|mein|de**,
die Ge|mein|den
die **Ge|mein|heit**,
die Ge|mein|hei|ten
ge|mein|sam
die **Ge|mein|schaft**,
die Ge|mein|schaf|ten
ge|mie|den ◁ meiden
ge|mocht ◁ mögen

ge|mol|ken ◁ melken
das **Ge|mur|mel**
das **Ge|mü|se**
ge|musst ◁ müssen
ge|mus|tert
ge|müt|lich
ge|nannt ◁ nennen
ge|nau
die **Ge|nau|ig|keit**
ge|nau|so
ge|neh|mi|gen,
du genehmigst
die **Ge|ne|ra|ti|on**,
die Ge|ne|ra|ti|o|nen
der **Ge|ne|ra|tor**,
die Ge|ne|ra|to|ren
ge|ni|al
das **Ge|nick**, die Ge|ni|cke
sich **ge|nie|ren**, du genierst dich
ge|nie|ßen, du genießt,
er genoss
der **Ge|ni|tiv**, die Ge|ni|ti|ve
ge|nom|men ◁ nehmen
er **ge|noss** ◁ genießen
ge|nos|sen ◁ genießen
ge|nug
ge|nü|gend
der **Ge|nuss**, die Ge|nüs|se
die **Geo|me|trie**

das **Ge|päck**

der **Ge|pard**, die Ge|par|den

ge|passt ◁ passen

ge|pfif|fen ◁ pfeifen

ge|presst ◁ pressen

ge|punk|tet

ge|quol|len ◁ quellen

ge|ra|de  ❶

ge|ra|de|aus

ge|rannt ◁ rennen

das **Ge|rät**, die Ge|rä|te

ge|ra|ten, du gerätst,

sie geriet

du **ge|rätst** ◁ geraten

ge|räu|mig

das **Ge|räusch**, die Ge|räu|sche

ge|recht

die **Ge|rech|tig|keit**

das **Ge|richt**, die Ge|rich|te

ge|rie|ben ◁ reiben

sie **ge|riet** ◁ geraten

ge|ring

ge|rin|gelt

das **Ge|rip|pe**, die Ge|rip|pe

ge|ris|sen ◁ reißen

ge|rit|ten ◁ reiten

gern – ger|ne

ge|ro|chen ◁ riechen

das **Ge|röll**

ge|ron|nen ◁ rinnen ❺

die **Gers|te**

der **Ge|ruch**, die Ge|rü|che

das **Ge|rücht**, die Ge|rüch|te

das **Ge|rüm|pel**

ge|run|gen ◁ ringen

das **Ge|rüst**, die Ge|rüs|te

ge|samt

ge|sandt ◁ senden

der **Ge|sang**, die Ge|sän|ge

das **Ge|schäft**, die Ge|schäf|te

ge|schäft|lich

es **ge|schah** ◁ geschehen

ge|sche|hen, es geschieht,

es geschah

ge|scheit

das **Ge|schenk**, die Ge|schen|ke

die **Ge|schich|te**,

die Ge|schich|ten

die **Ge|schick|lich|keit**

ge|schickt

ge|schie|den ◁ scheiden

es **ge|schieht** ◁ geschehen

ge|schie|nen ◁ scheinen

das **Ge|schirr**, die Ge|schir|re

das **Ge|schlecht**,

die Ge|schlech|ter

ge|schli|chen ◁ schleichen

ge|schlif|fen ◁ schleifen

ge|schlos|sen ◁ schließen

der Ge|schmack,

die Ge|schmä|cker

ge|schmack|los

ge|schmack|voll

ge|schmei|dig

ge|schmol|zen ◁ schmelzen

das Ge|schnat|ter

ge|schnit|ten ◁ schneiden

ge|scho|ben ◁ schieben

ge|schockt

das Ge|schöpf, die Ge|schöp|fe

ge|scho|ren ◁ scheren

ge|schos|sen ◁ schießen

das Ge|schrei

ge|schrie|ben ◁ schreiben

ge|schrien ◁ schreien

das Ge|schwätz

ge|schwie|gen ◁ schweigen

die Ge|schwin|dig|keit,

die Ge|schwin|dig|kei|ten ❼

ge|schwind ❻

die Ge|schwis|ter

ge|schwol|len ◁ schwellen

ge|schwom|men

◁ schwimmen

ge|schwo|ren ◁ schwören

ge|schwun|gen ◁ schwingen

das Ge|schwür, die Ge|schwü|re

ge|se|hen ◁ sehen

der Ge|sel|le, die Ge|sel|len

ge|sel|lig

die Ge|sel|lig|keit

die Ge|sel|lin,

die Ge|sel|lin|nen

die Ge|sell|schaft,

die Ge|sell|schaf|ten

ge|sen|det ◁ senden

das Ge|setz, die Ge|set|ze

ge|setz|lich

das Ge|sicht, die Ge|sich|ter

ge|sof|fen ◁ saufen

ge|spannt

das Ge|spenst, die Ge|spens|ter

ge|spens|tisch

ge|spon|nen ◁ spinnen

das Ge|spräch, die Ge|sprä|che

ge|sprä|chig ❹

ge|spro|chen ◁ sprechen

ge|sprun|gen ◁ springen

die Ge|stalt, die Ge|stal|ten

ge|stal|ten, du gestaltest

er ge|stand ◁ gestehen

ge|stan|den ◁ gestehen

das Ge|ständ|nis,

die Ge|ständ|nis|se

der Ge|stank

ge|stat|ten, du gestattest

ge|ste|hen, du gestehst,
er gestand

das Ge|stell, die Ge|stel|le

ges|tern

ge|stie|gen ◁ steigen

das Ge|stö|ber, die Ge|stö|ber

ge|sto|chen ◁ stechen

ge|stoh|len ◁ stehlen ❽

ge|stor|ben ◁ sterben

ge|streift

ge|stri|chen ◁ streichen

das Ge|strüpp, die Ge|strüp|pe

ge|stun|ken ◁ stinken

ge|sund, gesünder,
am gesündesten ❻

ge|sün|der,
am gesündesten ◁ gesund

die Ge|sund|heit

ge|sun|gen ◁ singen

ge|sun|ken ◁ sinken

ge|tan ◁ tun

das Ge|tränk, die Ge|trän|ke

das Ge|trei|de

ge|trie|ben ◁ treiben

ge|trof|fen ◁ treffen

ge|trun|ken ◁ trinken

das Ge|wächs, die Ge|wäch|se

die Ge|walt, die Ge|wal|ten

ge|wal|tig

das Ge|wand, die Ge|wän|der

ge|wandt

er ge|wann ◁ gewinnen

das Ge|wäs|ser, die Ge|wäs|ser

das Ge|wehr, die Ge|weh|re

das Ge|weih, die Ge|wei|he ❷

das Ge|wer|be, die Ge|wer|be

die Ge|werk|schaft,
die Ge|werk|schaf|ten

ge|we|sen ◁ sein ❶

das Ge|wicht, die Ge|wich|te

das Ge|wim|mel

der Ge|winn, die Ge|win|ne

ge|win|nen, du gewinnst,
er gewann

ge|wiss

das Ge|wis|sen, die Ge|wis|sen

ge|wis|sen|haft

das Ge|wit|ter, die Ge|wit|ter

ge|wit|tern, es gewittert

ge|wo|gen ◁ wiegen

ge|wöh|nen, du gewöhnst

die Ge|wohn|heit,
die Ge|wohn|hei|ten ❼

ge|wöhn|lich

ge|wohnt

ge|wöhnt

ge|wollt ◁ wollen

ge|won|nen ◁ gewinnen

ge|wor|ben ◁ werben

ge|wor|den ◁ werden

ge|wor|fen ◁ werfen

ge|wun|ken ◁ winken

das **Ge|würz**, die Ge|wür|ze

ge|**wusst** ◁ wissen

ge|**zackt**

die **Ge|zei|ten**

ge|**zo|gen** ◁ ziehen

ge|**zwun|gen** ◁ zwingen

du **gibst** ◁ geben

der **Gie|bel**, die Gie|bel

gie|rig

gie|βen, du gießt, es goss ❽

die **Gieß|kan|ne**,
die Gieß|kan|nen

das **Gift**, die Gif|te

gif|tig

das **Gi|ga|byte** (z.B. 2 GB),
die Gi|ga|byte – Gi|ga|bytes

es **gilt** ◁ gelten

er **ging** ◁ gehen

der **Gip|fel**, die Gip|fel

der **Gips**, die Gip|se

die **Gi|raf|fe**, die Gi|raf|fen

die **Gir|lan|de**, die Gir|lan|den

die **Gi|tar|re**, die Gi|tar|ren

das **Git|ter**, die Git|ter

der **Glanz**

glän|zen, es glänzt

das **Glas**, die Glä|ser

der **Glas|con|tai|ner**,
die Glas|con|tai|ner

die **Gla|sur**, die Gla|su|ren

glatt

die **Glät|te**

die **Glat|ze**, die Glat|zen ❺

der **Glau|be**

glau|ben, du glaubst

gläu|big ❹

gleich

das **Gleich|ge|wicht**,
die Gleich|ge|wich|te

gleich|mä|ßig

gleich|zei|tig ❸

das **Gleis**, die Glei|se

glei|ten, du gleitest, sie glitt

der **Glet|scher**, die Glet|scher

das **Glied**, die Glie|der

glie|dern, du gliederst

glimpf|lich

glit|schig

sie **glitt** ◁ gleiten

glit|zern, es glitzert

der **Glo|bus**,
die Glo|bus|se – Glo|ben

die **Glo|cke**, die Glo|cken

glot|zen, du glotzt

das **Glück**

    glu|ckern, es gluckert

    glück|lich

der **Glück|wunsch**,

    die Glück|wün|sche

    glü|hen, es glüht

die **Glut**, die Glu|ten

die **Gna|de**

    gnä|dig

die **Gnoc|chi**

der **Go|ckel**, die Go|ckel

der **Go|kart**, die Go|karts

das **Gold**

    gol|den

    gol|dig

das **Golf** (Golfspiel)

der **Golf** (z.B. Golf von Mexiko),

    die Gol|fe

die **Gon|del**, die Gon|deln

der **Gong**, die Gongs

    gön|nen, du gönnst

  es **goss** ◁ gießen

der **Gott**, die Göt|ter

die **Göt|tin**, die Göt|tin|nen

das **Grab**, die Grä|ber ❻

der **Gra|ben**, die Grä|ben

    gra|ben, du gräbst,

    er grub

  du **gräbst** ◁ graben

der **Grad** (z.B. 3 °Celsius),

    die Gra|de

das **Gramm** (z.B. 100 g),

    die Gramm

die **Gram|ma|tik**,

    die Gram|ma|ti|ken

    gran|tig

die **Grape|fruit**, die Grape|fruits

das **Gras**, die Grä|ser ❹

    gräss|lich

der **Grat** (z.B. der Berggrat),

    die Gra|te

die **Grä|te**, die Grä|ten

    gra|tis

    gra|tu|lie|ren,

  du gratulierst ❷

    grau

der **Gräu|el**, die Gräu|el

    grau|en, es graut

    grau|en|haft

    gräu|lich

    grau|sam

sich **grau|sen**,

    es graust mir – mich

    grau|sig

    grei|fen, du greifst, sie griff

der **Greis**, die Grei|se

die **Grei|sin**, die Grei|sin|nen

    grell

die **Gren|ze**, die Gren|zen
Grie|chen|land
der **Grieß|brei**, die Grieß|breie
der **Griff**, die Grif|fe
sie **griff** ◁ greifen
der **Grill**, die Grills
die **Gril|le**, die Gril|len
gril|len, du grillst
die **Gri|mas|se**, die Gri|mas|sen
grim|mig
grin|sen, du grinst
die **Grip|pe**, die Grip|pen
grob, gröber, am gröbsten
grö|ber, am gröbsten ◁ grob
grol|len, du grollst
groß, größer, am größten
Groß|bri|tan|ni|en
die **Grö|ße**, die Grö|ßen ❼
die **Groß|el|tern**
grö|ßer, am größten ◁ groß
er **grub** ◁ graben
die **Gru|be**, die Gru|ben
grü|beln, du grübelst
grün
der **Grund**, die Grün|de
grün|den, du gründest
gründ|lich
der **Grund|riss**, die Grund|ris|se
grund|sätz|lich ❸

die **Grund|schu|le**,
die Grund|schu|len
grun|zen, du grunzt
die **Grup|pe**, die Grup|pen
sich **gru|seln**, es gruselt mich
der **Gruß**, die Grü|ße ❽
grüß Gott
grü|ßen, du grüßt
gu|cken, du guckst
die **Gül|le**
gül|tig
der **Gum|mi** – das Gum|mi,
die Gum|mis ❺
der **Gum|mi|twist** –
das Gum|mi|twist
güns|tig
gur|geln, du gurgelst
die **Gur|ke**, die Gur|ken ❶
gur|ren, sie gurrt
der **Gurt**, die Gur|te
der **Gür|tel**, die Gür|tel
der **Guss**, die Güs|se
gut, besser, am besten
das **Gu|te**
die **Gü|te**
gut|mü|tig
das **Gym|na|si|um**,
die Gym|na|si|en
die **Gym|nas|tik**

H

h (Stunde)

das **Haar**, die Haa|re

haa|rig

ha|ben, du hast, er hatte

hab|gie|rig

der **Ha|bicht**, die Ha|bich|te

die **Ha|cke**, die Ha|cken

ha|cken, du hackst

der **Ha|fen**, die Hä|fen

der **Ha|fer**

die **Haft**

der **Häft|ling**, die Häft|lin|ge

haf|ten, du haftest

die **Ha|ge|but|te**,

die Ha|ge|but|ten ❶

der **Ha|gel**

ha|geln, es hagelt

der **Hahn**, die Häh|ne

der **Hai**, die Haie

hä|keln, du häkelst

der **Ha|ken**, die Ha|ken

halb ❻

hal|bie|ren, du halbierst

die **Halb|zeit**, die Halb|zei|ten

sie **half** ◁ helfen

die **Hälf|te**, die Hälf|ten

die **Hal|le**, die Hal|len

hal|lo

der **Halm**, die Hal|me

der **Hals**, die Häl|se

halt|ma|chen – Halt
ma|chen, du machst halt –
du machst Halt

halt|bar

hal|ten, du hältst,
sie hielt

du **hältst** ◁ halten

die **Hal|te|stel|le**,
die Hal|te|stel|len

die **Hal|tung**, die Hal|tun|gen

Ham|burg

der **Ham|bur|ger**,
die Ham|bur|ger

hä|misch

der **Ham|mel**, die Ham|mel

der **Ham|mer**, die Häm|mer

häm|mern, du hämmerst

ham|peln, du hampelst

der **Hams|ter**, die Hams|ter

die **Hand**, die Hän|de ❻

der **Han|del**

han|deln, du handelst

die **Hand|lung**, die Hand|lun|gen

die **Hand|schrift**,
die Hand|schrif|ten
der **Hand|wer|ker**,
die Hand|wer|ker
die **Hand|wer|ke|rin**,
die Hand|wer|ke|rin|nen
das **Han|dy**, die Han|dys
der **Hang**, die Hän|ge
hän|gen, du hängst,
es hing (an der Wand) –
er hängte (es an die Wand)
hän|seln, du hänselst
der **Hap|pen**, die Hap|pen
hap|py
das **Hap|py End** – Hap|py|end,
die Hap|py Ends –
Hap|py|ends
die **Hard|ware**, die Hard|wares
die **Har|ke**, die Har|ken
harm|los
die **Har|pu|ne**, die Har|pu|nen
hart, härter, am härtesten
här|ter, am härtesten
◁ hart
hart|nä|ckig
das **Harz**, die Har|ze
der **Ha|se**, die Ha|sen
die **Ha|sel|nuss**,
die Ha|sel|nüs|se

der **Hass**
has|sen, du hasst
häss|lich
du **hast** ◁ haben
has|tig ❻
er **hat** ◁ haben
er **hat|te** ◁ haben
hau|chen, du hauchst
hau|en, du haust
der **Hau|fen**, die Hau|fen
häu|fig
das **Haupt**, die Häup|ter
der **Häupt|ling**,
die Häupt|lin|ge ❹
die **Haupt|sa|che**,
die Haupt|sa|chen
die **Haupt|schu|le**,
die Haupt|schu|len
das **Haus**, die Häu|ser
nach **Hau|se** –
nach|hau|se
zu **Hau|se** – zu|hau|se
der **Haus|halt**, die Haus|hal|te
die **Haut**, die Häu|te
die **Ha|xe**, die Ha|xen
die **Heb|am|me**,
die Heb|am|men
der **He|bel**, die He|bel
he|ben, du hebst, sie hob

der **Hecht**, die Hech|te
die **He|cke**, die He|cken
das **Heer**, die Hee|re
die **He|fe**, die He|fen
das **Heft**, die Hef|te
hef|tig
die **Hei|de**, die Hei|den
die **Hei|del|bee|re**,
die Hei|del|bee|ren
heil
hei|len, es heilt
hei|lig ❻
der **Hei|lig|abend** – Hei|li|ger
Abend
Hei|li|ge Drei Kö|ni|ge
heim
das **Heim**, die Hei|me
die **Hei|mat**, die Hei|ma|ten
heim|lich
das **Heim|weh**
hei|ra|ten, du heiratest
hei|ser
heiß
hei|ßen, du heißt, er hieß
hei|ter
hei|zen, du heizt
die **Hei|zung**, die Hei|zun|gen
der **Held**, die Hel|den
die **Hel|din**, die Hel|din|nen

hel|fen, du hilfst, sie half
hell
die **Hel|lig|keit**
der **Helm**, die Hel|me
das **Hemd**, die Hem|den ❻
die **Hem|mung**,
die Hem|mun|gen
der **Hengst**, die Hengs|te
der **Hen|kel**, die Hen|kel
die **Hen|ne**, die Hen|nen
her
he|rab
he|rauf
he|raus
her|bei
die **Her|ber|ge**, die Her|ber|gen
der **Herbst**, die Herbs|te
der **Herd**, die Her|de
die **Her|de**, die Her|den
he|rein
der **He|ring**, die He|rin|ge
der **Herr**, die Her|ren
die **Her|rin**, die Her|rin|nen
herr|lich
herr|schen, du herrschst
her|stel|len, du stellst her
he|rü|ber
he|rum
he|run|ter

her|vor
her|vor|ra|gend
das **Herz**, die Her|zen
herz|lich
Hes|sen
die **Het|ze**
het|zen, du hetzt
das **Heu**
heu|cheln, du heuchelst
heu|len, du heulst
die **Heu|schre|cke**,
die Heu|schre|cken
heu|te
die **He|xe**, die He|xen
sie **hielt** ◁ halten
hier
hier|her
die **Hie|ro|gly|phe**,
die Hie|ro|gly|phen
er **hieß** ◁ heißen
die **Hil|fe**, die Hil|fen
hilf|los
hilfs|be|reit
du **hilfst** ◁ helfen
die **Him|bee|re**, die Him|bee|ren
der **Him|mel**, die Him|mel ❺
himm|lisch
hin
hi|nab

hi|nauf
hi|naus
das **Hin|der|nis**,
die Hin|der|nis|se
hi|nein
er **hing** ◁ hängen
hin|ken, du hinkst
hin|ten
hin|ter
hin|ter|ei|nan|der
der **Hin|ter|grund**,
die Hin|ter|grün|de
hin|ter|her
hin|ter|lis|tig
der **Hin|tern**, die Hin|tern
hin|ter|rücks
hi|nü|ber
hi|nun|ter
der **Hin|weis**, die Hin|wei|se
der **Hip-Hop** – Hip|hop
das **Hirn**, die Hir|ne
der **Hirsch**, die Hir|sche
der **Hit**, die Hits
die **Hit|ze**
hit|ze|frei
sie **hob** ◁ heben
das **Hob|by**, die Hob|bys
der **Ho|bel**, die Ho|bel
hoch, höher, am höchsten

höchs|tens

die **Hoch|zeit**, die Hoch|zei|ten

die **Ho|cke**, die Ho|cken

ho|cken, du hockst

das **Ho|ckey**

der **Ho|den**, die Ho|den

der **Hof**, die Hö|fe

hof|fen, du hoffst

hof|fent|lich

die **Hoff|nung**, die Hoff|nun|gen

höf|lich

die **Höf|lich|keit**,
die Höf|lich|kei|ten

die **Hö|he**, die Hö|hen

hö|her, am höchsten ◁ hoch

hohl

die **Höh|le**, die Höh|len

höh|nisch

der **Ho|kus|po|kus**

ho|len, du holst

Hol|land

die **Höl|le**, die Höl|len

höl|lisch

hol|pe|rig – holp|rig

das **Holz**, die Höl|zer

die **Home|page**,
die Home|pa|ges

der **Ho|nig**, die Ho|ni|ge

hopp

hop|peln, du hoppelst

hopp|la

hop|sen, du hopst

hör|bar

hor|chen, du horchst

hö|ren, du hörst

der **Ho|ri|zont**,
die Ho|ri|zon|te ❶

das **Horn**, die Hör|ner

das **Hörn|chen**, die Hörn|chen

die **Hor|nis|se**, die Hor|nis|sen

das **Ho|ro|skop**,
die Ho|ro|sko|pe ❶

der **Hort**, die Hor|te

die **Ho|se**, die Ho|sen

das **Hos|pi|tal**,
die Hos|pi|tä|ler

die **Hos|tie**, die Hos|ti|en ❶

der **Hot|dog** – Hot Dog,
die Hot|dogs – Hot Dogs

das **Ho|tel**, die Ho|tels

die **Hot|line**, die Hot|lines

hübsch

der **Hub|schrau|ber**,
die Hub|schrau|ber

hu|cke|pack

der **Huf**, die Hu|fe

die **Hüf|te**, die Hüf|ten

der **Hü|gel**, die Hü|gel

hü|ge|lig – hüg|lig
das **Huhn**, die Hüh|ner
die **Hül|le**, die Hül|len
die **Hum|mel**, die Hum|meln ❺
der **Hu|mor**
hum|peln, du humpelst
der **Hund**, die Hun|de
hun|dert
der **Hun|ger**
hung|rig
die **Hu|pe**, die Hu|pen
hu|pen, du hupst
hüp|fen, du hüpfst

der **IC** (Intercity), die ICs
der **ICE** (Intercityexpress),
die ICEs
ich
ide|al
die **Idee**, die Ide|en ❽
der **Idi|ot**, die Idi|o|ten
die **Idi|o|tin**, die Idi|o|tin|nen
der **Igel**, die Igel

die **Hür|de**, die Hür|den
hur|ra
hu|schen, du huschst
der **Hus|ten**
hus|ten, du hustest
der **Hut**, die Hü|te
hü|ten, du hütest
die **Hüt|te**, die Hüt|ten
die **Hy|a|zin|the**,
die Hy|a|zin|then ❽
der **Hy|drant**, die Hy|dran|ten
die **Hy|gie|ne**
hy|gie|nisch

das **Ig|lu**, die Ig|lus
ihm
ihn
ih|nen
ihr
ih|re
im
der **Im|biss**, die Im|bis|se
der **Im|ker**, die Im|ker

die **Im|ke|rin**, die Im|ke|rin|nen
    im|mer
der **Im|pe|ra|tiv**,
    die Im|pe|ra|ti|ve
    imp|fen, du wirst geimpft
die **Imp|fung**, die Imp|fun|gen
    im|po|nie|ren, du imponierst
    in
    in|dem
    in|des|sen
der **In|di|a|ner**, die In|di|a|ner ❷
die **In|di|a|ne|rin**,
    die In|di|a|ne|rin|nen
die **In|dus|trie**, die In|dus|tri|en
    in|ei|nan|der
die **In|fek|ti|on**,
    die In|fek|ti|o|nen
der **In|fi|ni|tiv**, die In|fi|ni|ti|ve
die **In|for|ma|ti|on**,
    die In|for|ma|ti|o|nen
    in|for|mie|ren, du informierst
der **In|ge|ni|eur**,
    die In|ge|ni|eu|re
die **In|ge|ni|eu|rin**,
    die In|ge|ni|eu|rin|nen
der **In|ha|ber**, die In|ha|ber
die **In|ha|be|rin**,
    die In|ha|be|rin|nen ❶
der **In|halt**, die In|hal|te

das **In|halts|ver|zeich|nis**,
    die In|halts|ver|zeich|nis|se
der **In|li|ner**, die In|li|ner
    in|nen
    in|ner|halb
    ins
das **In|sekt**, die In|sek|ten
die **In|sel**, die In|seln
das **In|se|rat**, die In|se|ra|te
    ins|ge|samt
    in|stal|lie|ren, du installierst
der **In|stinkt**, die Ins|tink|te
das **In|sti|tut**, die In|sti|tu|te
das **In|stru|ment**,
    die In|stru|men|te
    in|tel|li|gent
die **In|tel|li|genz**
    in|ten|siv
    in|te|res|sant
das **In|te|res|se**,
    die In|te|res|sen
sich **in|te|res|sie|ren**,
    du interessierst dich
das **In|ter|nat**, die In|ter|na|te
    in|ter|na|ti|o|nal
das **In|ter|net**
das **In|ter|view**, die In|ter|views
    in|ter|vie|wen,
    du interviewst

die **Inu|it**
der **Inuk**, die Inu|it
    in|zwi|schen
    ir|gend|et|was
    ir|gend|wann
    ir|gend|wie
    ir|gend|wo
    Ir|land

    ir|ren, du irrst
der **Irr|tum**, die Irr|tü|mer
der **Is|lam**
    is|la|misch
    iso|lie|ren, du isolierst
du **isst** ◁ essen
es **ist**, es war ◁ sein
    Ita|li|en ❶

    ja
die **Jacht** – Yacht,
    die Jach|ten – Yach|ten
die **Ja|cke**, die Ja|cken
der **Jack|pot**, die Jack|pots
die **Jagd**, die Jag|den
    ja|gen, du jagst
der **Ja|gu|ar**,
    die Ja|gu|a|re ❶
das **Jahr**, die Jah|re
das **Jahr|hun|dert**,
    die Jahr|hun|der|te
    jähr|lich
    jäh|zor|nig

die **Ja|lou|sie**,
    die Ja|lou|si|en
    jäm|mer|lich
    jam|mern, du jammerst
der **Ja|nu|ar**
    jap|sen, du japst
der **Jas|min**
    jä|ten, du jätest
die **Jau|che**, die Jau|chen
    jauch|zen, du jauchzt
    jau|len, er jault
    ja|wohl
der **Jazz**
    je

die **Jeans**, die Jeans
   je|**de**
   je|**der**
   je|**des**
   je|**den**|**falls**
   je|**doch**
der **Jeep**, die Jeeps
   je|**mals**
   je|**mand**
   je|**ne**
   je|**ner**
   je|**nes**
   jen|**seits**
   Je|**sus**
der **Jet**, die Jets
   jetzt
   je|**weils**
der **Job**, die Jobs
   job|**ben**, du jobbst
das **Jod**
   jo|**deln**, du jodelst
   jog|**gen**, du joggst
das **Jog**|**ging**
der **Jo**|**ghurt** –
   das Jo|ghurt – Jo|gurt,
   die Jo|ghurts – Jo|gurts
die **Jo**|**han**|**nis**|**bee**|**re**,
   die Jo|han|nis|bee|ren ❷
   joh|**len**, du johlst

das **Jo-Jo** – Yo-Yo,
   die Jo-Jos – Yo-Yos
der **Jo**|**ker**, die Jo|ker
   Jom Kip|**pur**
   jong|**lie**|**ren**, du jonglierst
der **Jour**|**na**|**list**,
   die Jour|na|lis|ten
die **Jour**|**na**|**lis**|**tin**,
   die Jou|na|lis|tin|nen
der **Joy**|**stick**, die Joy|sticks
   ju|**beln**, du jubelst
das **Ju**|**bi**|**lä**|**um**,
   die Ju|bi|lä|en ❶
   juch|**zen**, du juchzt
   ju|**cken**, es juckt
der **Ju**|**de**, die Ju|den
die **Jü**|**din**, die Jü|din|nen
das **Ju**|**do**
die **Ju**|**gend**
die **Ju**|**gend**|**her**|**ber**|**ge**,
   die Ju|gend|her|ber|gen
   ju|**gend**|**lich**
   ju|**hu**
der **Ju**|**li**
der **Jum**|**bo**, die Jum|bos
   jung, jünger,
   am jüngsten
das **Jun**|**ge** (Tierkind),
   die Jun|gen

der **Jun|ge** (männliches Kind),
    die Jun|gen
    jün|ger, am jüngsten ◁ jung
der **Ju|ni**

der **Ju|pi|ter**
die **Ju|ry**, die Ju|rys
das **Ju|wel**, die Ju|we|len
der **Jux**, die Ju|xe ❽

K

das **Ka|bel**, die Ka|bel
die **Ka|bi|ne**, die Ka|bi|nen
die **Ka|chel**, die Ka|cheln
der **Kä|fer**, die Kä|fer
der **Kaf|fee**
der **Kä|fig**, die Kä|fi|ge
    kahl
der **Kahn**, die Käh|ne
der **Kai** – Quai, die Kais – Quais
der **Kai|ser**, die Kai|ser
die **Kai|se|rin**,
    die Kai|se|rin|nen
der **Ka|jak** – das Ka|jak,
    die Ka|jaks
der **Ka|ka|du**, die Ka|ka|dus
der **Ka|kao**
der **Kak|tus**, die Kak|te|en
das **Kalb**, die Käl|ber

der **Ka|len|der**, die Ka|len|der
der **Kalk**
die **Ka|lo|rie**, die Ka|lo|ri|en
    kalt, kälter, am kältesten
die **Käl|te** ❹
    käl|ter, am kältesten ◁ kalt
er **kam** ◁ kommen
das **Ka|mel**, die Ka|me|le
die **Ka|me|ra**, die Ka|me|ras ❶
der **Ka|me|rad**,
    die Ka|me|ra|den
die **Ka|me|ra|din**,
    die Ka|me|ra|din|nen
die **Ka|mil|le**, die Ka|mil|len
der **Ka|min**, die Ka|mi|ne
der **Kamm**, die Käm|me
    käm|men, du kämmst
die **Kam|mer**, die Kam|mern

A
B
C
D
E
F
G
H
I
J
K
L
M
N
O
P
Q
R
S
T
U
V
W
X
Y
Z

der **Kampf**, die Kämp|fe
kämp|fen, du kämpfst
der **Ka|nal**, die Ka|nä|le
der **Ka|na|ri|en|vo|gel**,
die Ka|na|ri|en|vö|gel
der **Kan|di|dat**,
die Kan|di|da|ten
die **Kan|di|da|tin**,
die Kan|di|da|tin|nen
das **Kän|gu|ru**, die Kän|gu|rus
das **Ka|nin|chen**,
die Ka|nin|chen
der **Ka|nis|ter**, die Ka|nis|ter
er **kann** ◁ können
die **Kan|ne**, die Kan|nen
du **kannst** ◁ können
sie **kann|te** ◁ kennen
der **Ka|non**, die Ka|nons
die **Ka|no|ne**, die Ka|no|nen
die **Kan|te**, die Kan|ten
kan|tig
die **Kan|ti|ne**, die Kan|ti|nen
das **Ka|nu**, die Ka|nus
die **Kan|zel**, die Kan|zeln
der **Kanz|ler**, die Kanz|ler
die **Kanz|le|rin**,
die Kanz|le|rin|nen
die **Ka|pel|le**, die Ka|pel|len
ka|pie|ren, du kapierst

der **Ka|pi|tän**, die Ka|pi|tä|ne
die **Ka|pi|tä|nin**,
die Ka|pi|tä|nin|nen
das **Ka|pi|tel**, die Ka|pi|tel
die **Kap|pe**, die Kap|pen
die **Kap|sel**, die Kap|seln
ka|putt
die **Ka|pu|ze**, die Ka|pu|zen
die **Ka|ra|wa|ne**,
die Ka|ra|wa|nen
der **Kar|di|nal**, die Kar|di|nä|le
der **Kar|frei|tag**
ka|riert
die **Ka|ri|es**
der **Kar|ne|val**
das **Kar|ni|ckel**, die Kar|ni|ckel
das **Ka|ro**, die Ka|ros
die **Ka|rot|te**, die Ka|rot|ten ❺
der **Karp|fen**, die Karp|fen
die **Kar|re**, die Kar|ren
die **Kar|te**, die Kar|ten
die **Kar|tei**, die Kar|tei|en
die **Kar|tof|fel**, die Kar|tof|feln
der **Kar|ton**, die Kar|tons
das **Ka|rus|sell**, die Ka|rus|sells
– Ka|rus|sel|le
der **Kä|se**
die **Ka|ser|ne**, die Ka|ser|nen
die **Kas|se**, die Kas|sen

kas|sie|ren, du kassierst

die Kas|ta|nie,
die Kas|ta|ni|en

der Kas|ten, die Käs|ten

der Ka|ta|log, die Ka|ta|lo|ge

die Ka|ta|stro|phe,
die Ka|ta|stro|phen ❷

ka|ta|stro|phal

der Ka|ter, die Ka|ter

ka|tho|lisch

die Kat|ze, die Kat|zen

kau|en, du kaust

kau|ern, du kauerst

kau|fen, du kaufst

der Käu|fer, die Käu|fer

die Käu|fe|rin,
die Käu|fe|rin|nen

der Kau|gum|mi –
das Kau|gum|mi,
die Kau|gum|mis

die Kaul|quap|pe,
die Kaul|quap|pen

kaum

der Kauz, die Käu|ze

KB (Kilobyte)

der Ke|bab, die Ke|babs

der Ke|gel, die Ke|gel

ke|geln, du kegelst

die Keh|le, die Keh|len

keh|ren, du kehrst

kei|fen, du keifst

der Keil, die Kei|le

der Keim, die Kei|me

kei|men, es keimt

kein

kei|ne

kei|ner

kei|nes

kei|nes|falls

kei|nes|wegs

der Keks – das Keks,
die Kek|se ❽

der Kelch, die Kel|che

die Kel|le, die Kel|len

der Kel|ler, die Kel|ler

ken|nen, du kennst,
sie kannte

kenn|zeich|nen,
du kennzeichnest

die Ker|be, die Ker|ben

der Kerl, die Ker|le

der Kern, die Ker|ne

das Kern|kraft|werk,
die Kern|kraft|wer|ke

die Ker|ze, die Ker|zen

der Kes|sel, die Kes|sel

der Ket|chup – das Ket|chup,
die Ket|chups

die **Ket**|**te**, die Ket|ten
keu|chen, du keuchst
die **Keu**|**le**, die Keu|len
das **Key**|**board**, die Key|boards
Kfz (Kraftfahrzeug)
kg (Kilogramm)
ki|chern, du kicherst
das **Kid**, die Kids
der **Kie**|**fer** (z.B. Unterkiefer),
die Kie|fer
die **Kie**|**fer** (Nadelbaumart),
die Kie|fern
der **Kiel**, die Kie|le
die **Kie**|**me**, die Kie|men
der **Kies**
der **Kie**|**sel**, die Kie|sel
das **Ki**|**lo**|**byte** (z.B. 2 KB),
die Ki|lo|byte – Ki|lo|bytes
das **Ki**|**lo**|**gramm** (z.B. 2 kg),
die Ki|lo|gramm
der **Ki**|**lo**|**me**|**ter** (z.B. 50 km),
die Ki|lo|me|ter
das **Kind**, die Kin|der
kind|lich
das **Kinn**, die Kin|ne
das **Ki**|**no**, die Ki|nos
der **Ki**|**osk**, die Ki|os|ke
kip|pen, du kippst
die **Kir**|**che**, die Kir|chen ❶

die **Kir**|**mes**
die **Kir**|**sche**, die Kir|schen
das **Kis**|**sen**, die Kis|sen ❺
die **Kis**|**te**, die Kis|ten
die **Ki**|**ta**, die Ki|tas
kit|schig
der **Kitt**
der **Kit**|**tel**, die Kit|tel
kit|**ze**|**lig** – kitz|lig
kit|**zeln**, du kitzelst
die **Ki**|**wi**, die Ki|wis
kläf|**fen**, er kläfft
die **Kla**|**ge**, die Kla|gen
kla|gen, du klagst
die **Klam**|**mer**, die Klam|mern
klam|mern, du klammerst
die **Kla**|**mot**|**te**, die Kla|mot|ten
der **Klang**, die Klän|ge
es **klang** ◁ klingen
die **Klap**|**pe**, die Klap|pen
klap|pen, es klappt
klap|pern, es klappert
der **Klaps**, die Klap|se
klar
die **Klär**|**an**|**la**|**ge**,
die Klär|an|la|gen
klä|ren, du klärst
die **Kla**|**ri**|**net**|**te**,
die Kla|ri|net|ten

die **Klas|se**, die Klas|sen
klat|schen, du klatschst
die **Klaue**, die Klau|en
klau|en, du klaust
das **Kla|vier**, die Kla|vie|re
kle|ben, du klebst
kleb|rig ❻
der **Kleb|stoff**, die Kleb|stof|fe
kle|ckern, du kleckerst
der **Klecks**, die Kleck|se
kleck|sen, du kleckst
der **Klee**, die Klees
das **Kleid**, die Klei|der
die **Klei|dung**
klein
die **Klei|nig|keit**,
die Klei|nig|kei|ten
klein|lich
der **Kleis|ter**, die Kleis|ter
klem|men, es klemmt
der **Klemp|ner**, die Klemp|ner
die **Klemp|ne|rin**,
die Klemp|ne|rin|nen
die **Klet|te**, die Klet|ten
der **Klett|ver|schluss**,
die Klett|ver|schlüs|se
klet|tern, du kletterst
das **Kli|ma**,
die Kli|ma|ta – Kli|mas

der **Klimm|zug**, die Klimm|zü|ge
klim|pern, du klimperst
die **Klin|ge**, die Klin|gen
die **Klin|gel**, die Klin|geln
klin|geln, du klingelst
klin|gen, es klingt, es klang
die **Kli|nik**, die Kli|ni|ken
die **Klip|pe**, die Klip|pen
klir|ren, es klirrt
das **Klo**, die Klos
klop|fen, du klopfst
der **Klops**, die Klop|se
der **Kloß**, die Klö|ße
das **Klos|ter**, die Klös|ter
der **Klotz**, die Klöt|ze
der **Klub** – Club,
die Klubs – Clubs
klug, klüger, am klügsten
klü|ger, am klügsten ◁ klug
die **Klug|heit**
der **Klum|pen**, die Klum|pen
km (Kilometer)
knab|bern, du knabberst
der **Kna|be**, die Kna|ben
das **Knä|cke|brot**,
die Knä|cke|bro|te ❷
kna|cken, du knackst
der **Knall**, die Knal|le
knal|len, es knallt

knapp
knar|ren, es knarrt
knat|tern, es knattert
das Knäu|el – der Knäu|el,
die Knäu|el
knau|se|rig – knaus|rig
knau|sern, du knauserst ❻
der Kne|bel, die Kne|bel
der Knecht, die Knech|te
knei|fen, du kneifst, er kniff
die Knei|pe, die Knei|pen
kne|ten, du knetest
kni|cken, du knickst
das Knie, die Knie
der Kniff, die Knif|fe
er kniff ◁ kneifen
knif|fe|lig – kniff|lig
knip|sen, du knipst
der Knirps, die Knirp|se
knir|schen, es knirscht
knis|tern, es knistert
knit|tern, es knittert
kno|beln, du knobelst
der Knob|lauch
der Knö|chel, die Knö|chel
der Kno|chen, die Kno|chen
der Knö|del, die Knö|del
die Knol|le, die Knol|len
der Knopf, die Knöp|fe

knöp|fen, du knöpfst
der Knor|pel, die Knor|pel
knor|rig
die Knos|pe, die Knos|pen
der Kno|ten, die Kno|ten
kno|ten, du knotest
knül|len, du knüllst
knüp|fen, du knüpfst
der Knüp|pel, die Knüp|pel
knur|ren, du knurrst
knus|pe|rig – knusp|rig
knut|schen, du knutschst
der Ko|a|la, die Ko|a|las
k. o.
der Ko|bold, die Ko|bol|de
die Ko|bra, die Ko|bras
der Koch, die Kö|che
die Kö|chin, die Kö|chin|nen
ko|chen, du kochst
der Kode – Code,
die Kodes – Codes
der Kö|der, die Kö|der
kö|dern, du köderst
der Kof|fer, die Kof|fer ❺
der Kohl, die Koh|le
die Koh|le, die Koh|len
die Koh|len|säu|re
die Ko|kos|nuss,
die Ko|kos|nüs|se

der **Kol|ben**, die Kol|ben
der **Kol|le|ge**, die Kol|le|gen
die **Kol|le|gin**,
    die Kol|le|gin|nen
die **Ko|lon|ne**, die Ko|lon|nen
das **Ko|ma**,
    die Ko|mas – Ko|ma|ta
der **Kom|bi**, die Kom|bis
    kom|bi|nie|ren,
    du kombinierst
der **Ko|met**, die Ko|me|ten
    kom|for|ta|bel
    ko|misch ❶
das **Kom|ma**,
    die Kom|mas – Kom|ma|ta
das **Kom|man|do**,
    die Kom|man|dos
    kom|man|die|ren,
    du kommandierst ❺
    kom|men, du kommst,
    er kam
der **Kom|men|tar**,
    die Kom|men|ta|re
der **Kom|mis|sar**,
    die Kom|mis|sa|re
die **Kom|mis|sa|rin**,
    die Kom|mis|sa|rin|nen
die **Kom|mo|de**,
    die Kom|mo|den

die **Kom|mu|ni|on**,
    die Kom|mu|ni|o|nen
    kom|mu|ni|zie|ren,
    du kommunizierst
die **Ko|mö|die**, die Ko|mö|di|en
der **Kom|pass**, die Kom|pas|se
    kom|plett
das **Kom|pli|ment**,
    die Kom|pli|men|te
    kom|pli|ziert
der **Kom|po|nist**,
    die Kom|po|nis|ten
die **Kom|po|nis|tin**,
    die Kom|po|nis|tin|nen
der **Kom|post**, die Kom|pos|te
das **Kom|pott**, die Kom|pot|te
die **Kom|pres|se**,
    die Kom|pres|sen
der **Kom|pro|miss**,
    die Kom|pro|mis|se
die **Kon|di|ti|on**,
    die Kon|di|ti|o|nen
die **Kon|di|to|rei**,
    die Kon|di|to|rei|en
die **Kon|fe|renz**,
    die Kon|fe|ren|zen
die **Kon|fes|si|on**,
    die Kon|fes|si|o|nen
das **Kon|fet|ti**, die Kon|fet|ti

die **Kon|fir|ma|ti|on**,
die Kon|fir|ma|ti|o|nen
die **Kon|fi|tü|re**,
die Kon|fi|tü|ren
der **Kon|flikt**, die Kon|flik|te
der **Kö|nig**, die Kö|ni|ge
die **Kö|ni|gin**, die Kö|ni|gin|nen
die **Kon|kur|renz**,
die Kon|kur|ren|zen
kön|nen, du kannst,
er konnte
er **konn|te** ◁ können
der **Kon|rek|tor**,
die Kon|rek|to|ren
die **Kon|rek|to|rin**,
die Kon|rek|to|rin|nen
die **Kon|ser|ve**, die Kon|ser|ven
der **Kon|so|nant**,
die Kon|so|nan|ten
die **Kon|struk|ti|on**,
die Kon|struk|ti|o|nen
kon|stru|ie|ren,
du konstruierst
der **Kon|sum**
der **Kon|takt**, die Kon|tak|te
der **Kon|ti|nent**,
die Kon|ti|nen|te
das **Kon|to**, die Kon|ten
kon|tra

der **Kon|trast**, die Kon|tras|te
die **Kon|trol|le**, die Kon|trol|len
kon|trol|lie|ren,
du kontrollierst **❷**
die **Kon|zen|tra|ti|on**
sich **kon|zen|trie|ren**,
du konzentrierst dich
das **Kon|zert**, die Kon|zer|te
der **Kopf**, die Köp|fe
die **Ko|pie**, die Ko|pi|en
ko|pie|ren, du kopierst
der **Ko|pie|rer**, die Ko|pie|rer
die **Kop|pel**, die Kop|peln
der **Ko|ran**, die Ko|ra|ne
der **Korb**, die Kör|be
die **Kor|del**, die Kor|deln
der **Kor|ken**, die Kor|ken
das **Korn**, die Kör|ner
der **Kör|per**, die Kör|per
kor|rekt
die **Kor|rek|tur**,
die Kor|rek|tu|ren
kor|ri|gie|ren, du korrigierst
die **Kos|me|tik**
der **Kos|mos**
die **Kost**
kost|bar **❸**
kos|ten, du kostest
kos|ten, es kostet

köst|lich

das Kos|tüm, die Kos|tü|me

der Kot

das Ko|te|lett, die Ko|te|letts

der Kö|ter, die Kö|ter

kot|zen, du kotzt

die Krab|be, die Krab|ben

krab|beln, du krabbelst

der Krach, die Krä|che

kra|chen, es kracht

kräch|zen, du krächzt

die Kraft, die Kräf|te

kräf|tig

das Kraft|fahr|zeug (Kfz),
die Kraft|fahr|zeu|ge

der Kra|gen,
die Kra|gen – Krä|gen

die Krä|he, die Krä|hen

krä|hen, du krähst

die Kra|ke – der Kra|ke,
die Kra|ken

kra|keln, du krakelst

kra|ke|lig – krak|lig

die Kral|le, die Kral|len

kra|men, du kramst

der Krampf, die Krämp|fe

der Kran, die Krä|ne

der Kra|nich, die Kra|ni|che

krank, kränker, am kränksten

krän|ken, du kränkst ❹

krän|ker,
am kränksten ◁ krank

die Krank|heit,
die Krank|hei|ten

der Kranz, die Krän|ze

krass

der Kra|ter, die Kra|ter

krat|zen, du kratzt

krau|len, du kraulst

kraus

das Kraut, die Kräu|ter

der Kra|wall, die Kra|wal|le

die Kra|wat|te, die Kra|wat|ten

kra|xeln, du kraxelst ❽

krea|tiv

der Krebs, die Kreb|se

der Kre|dit, die Kre|di|te

die Krei|de, die Krei|den

krei|de|bleich

der Kreis, die Krei|se

krei|schen, du kreischst

der Krei|sel, die Krei|sel

krei|sen, du kreist

das Krepp|pa|pier

die Kres|se

das Kreuz, die Kreu|ze

die Kreu|zung, die Kreu|zun|gen

krib|beln, es kribbelt

krie|chen, du kriechst,
er kroch

der **Krieg**, die Krie|ge

krie|gen, du kriegst

der **Kri|mi**, die Kri|mis

die **Kri|mi|nal|po|li|zei**

kri|mi|nell

der **Krin|gel**, die Krin|gel

die **Krip|pe**, die Krip|pen

die **Kri|se**, die Kri|sen

die **Kri|tik**, die Kri|ti|ken

kri|ti|sie|ren, du kritisierst

krit|zeln, du kritzelst

Kroa|ti|en

er **kroch** ◁ kriechen

das **Kro|ko|dil**, die Kro|ko|di|le

der **Kro|kus**, die Kro|kus|se

die **Kro|ne**, die Kro|nen

die **Krö|te**, die Krö|ten

die **Krü|cke**, die Krü|cken

der **Krug**, die Krü|ge

der **Krü|mel**, die Krü|mel

krumm

sich **krüm|men**, du krümmst dich

die **Krus|te**, die Krus|ten

der **Kü|bel**, die Kü|bel

die **Kü|che**, die Kü|chen

der **Ku|chen**, die Ku|chen

der **Ku|ckuck**, die Ku|cku|cke

die **Ku|fe**, die Ku|fen

die **Ku|gel**, die Ku|geln

die **Kuh**, die Kü|he

kühl

küh|len, es kühlt

kühn

das **Kü|ken**, die Kü|ken

die **Ku|lis|se**, die Ku|lis|sen

kul|lern, du kullerst ❺

die **Kul|tur**, die Kul|tu|ren

der **Küm|mel**

der **Kum|mer**

sich **küm|mern**,
du kümmerst dich

der **Kum|pel**, die Kum|pel

der **Kun|de**, die Kun|den

kün|di|gen, du kündigst

die **Kun|din**, die Kun|din|nen

künf|tig

die **Kunst**, die Küns|te

der **Künst|ler**, die Künst|ler

die **Künst|le|rin**,
die Künst|le|rin|nen

künst|lich ❸

kun|ter|bunt

das **Kup|fer**

die **Kup|pe**, die Kup|pen

die **Kur**, die Ku|ren

die **Kür**, die Kü|ren

die **Kur|bel**, die Kur|beln
  kur|beln, du kurbelst
der **Kür|bis**, die Kür|bis|se
der **Kurs**, die Kur|se
die **Kur|ve**, die Kur|ven
  kurz, kürzer, am kürzesten
  kurz|är|me|lig
  – kurz|ärm|lig
  kür|zen, du kürzt

kür|zer, am kürzesten ◁ kurz
kürz|lich
kurz|sich|tig
ku|scheln, du kuschelst
der **Kuss**, die Küs|se
  küs|sen, du küsst
die **Küs|te**, die Küs|ten
die **Kut|sche**, die Kut|schen
der **Kut|ter**, die Kut|ter

l (Liter)
das **La|bor**,
  die La|bors – La|bo|re
das **La|by|rinth**,
  die La|by|rin|the ❽
  lä|cheln, du lächelst
  la|chen, du lachst
  lä|cher|lich
der **Lachs**, die Lach|se
der **Lack**, die La|cke
  la|ckie|ren, du lackierst
der **La|den**, die Lä|den
  la|den, du lädst, er lud

du **lädst** ◁ laden
die **La|dung**, die La|dun|gen
sie **lag** ◁ liegen
das **La|ger**, die La|ger
  lahm
die **Läh|mung**, die Läh|mun|gen
der **Laib** (z.B. Brotlaib),
  die Lai|be
der **Laich**, die Lai|che
der **Laie**, die Lai|en
das **La|ken**, die La|ken
die **La|krit|ze**, die La|krit|zen ❷
  lal|len, du lallst

das **La|met|ta**
das **Lamm**, die Läm|mer
die **Lam|pe**, die Lam|pen
der **Lam|pi|on**, die Lam|pi|ons
das **Land**, die Län|der
   lan|den, du landest
die **Land|schaft**,
   die Land|schaf|ten
die **Lan|dung**, die Lan|dun|gen
die **Land|wirt|schaft**,
   die Land|wirt|schaf|ten
   lang, länger, am längsten
   lang|är|me|lig –
   lang|ärm|lig
die **Län|ge**, die Län|gen
   lan|gen, es langt
   län|ger, am längsten ◁ lang
die **Lan|ge|wei|le**
   läng|lich ❸
   lang|sam
   längst
   lang|wei|lig ❻
der **Lap|pen**, die Lap|pen
der **Lap|top**, die Lap|tops
die **Lär|che** (Nadelbaum),
   die Lär|chen
der **Lärm**
   lär|men, du lärmst
die **Lar|ve**, die Lar|ven

   er **las** ◁ lesen
der **La|ser**, die La|ser
   las|sen, du lässt, sie ließ
das **Las|so**, die Las|sos
   du **lässt** ◁ lassen
der **Las|ter**, die Las|ter
der **Last|wa|gen**,
   die Last|wa|gen
   läs|tern, du lästerst
   läs|tig
das **La|tein**
die **La|ter|ne**, die La|ter|nen
die **Lat|te**, die Lat|ten
das **Laub**
der **Lauch**, die Lau|che
   lau|ern, du lauerst
der **Lauf**, die Läu|fe
   lau|fen, du läufst, sie lief
der **Läu|fer**, die Läu|fer
die **Läu|fe|rin**, die Läu|fe|rin|nen
   du **läufst** ◁ laufen
die **Lau|ne**, die Lau|nen
   lau|nisch
die **Laus**, die Läu|se
   lau|schen, du lauschst
   laut
der **Laut**, die Lau|te
   läu|ten, du läutest
   lau|warm

die **La**|**va**

der **La**|**ven**|**del**, die La|ven|del

die **La**|**wi**|**ne**, die La|wi|nen

le|**ben**, du lebst

das **Le**|**ben**, die Le|ben

le|**ben**|**dig**

die **Le**|**ber**, die Le|bern

leb|**haft**

der **Leb**|**ku**|**chen**,
die Leb|ku|chen

das **Leck**, die Lecks

le|**cken**, du leckst

le|**cker**

das **Le**|**der**, die Le|der

le|**dig**

leer

lee|**ren**, du leerst

le|**gen**, du legst

die **Le**|**gen**|**de**, die Le|gen|den

der **Lehm**, die Leh|me

die **Leh**|**ne**, die Leh|nen

sich **leh**|**nen**, du lehnst dich

die **Leh**|**re**, die Leh|ren

leh|**ren**, du lehrst ❹

der **Leh**|**rer**, die Leh|rer

die **Leh**|**re**|**rin**, die Leh|re|rin|nen

der **Leib** (Körper), die Lei|ber

die **Lei**|**che**, die Lei|chen

leicht

die **Leicht**|**ath**|**le**|**tik**

der **Leicht**|**sinn**

leicht|**sin**|**nig**

lei|**den**, du leidest, er litt

die **Lei**|**den**|**schaft**,
die Lei|den|schaf|ten

lei|**den**|**schaft**|**lich**

lei|**der**

leid|**tun**, du tust mir leid

lei|**hen**, du leihst, er lieh

der **Leim**, die Lei|me

die **Lei**|**ne**, die Lei|nen

lei|**se**

die **Leis**|**te**, die Leis|ten

leis|**ten**, du leistest

die **Leis**|**tung**, die Leis|tun|gen

lei|**ten**, du leitest

die **Lei**|**ter**, die Lei|tern

der **Lei**|**ter**, die Lei|ter

die **Lei**|**te**|**rin**, die Lei|te|rin|nen

die **Lei**|**tung**, die Lei|tun|gen

die **Lek**|**tü**|**re**, die Lek|tü|ren

len|**ken**, du lenkst

die **Len**|**kung**, die Len|kung|en

der **Leo**|**pard**, die Leo|par|den

die **Ler**|**che** (Vogel),
die Ler|chen

ler|**nen**, du lernst

le|**sen**, du liest, er las

der **Le|ser**, die Le|ser
die **Le|se|rin**, die Le|se|rin|nen
   le|ser|lich ❸
   Lett|land
   letz|te
   letz|ter
   letz|tes
   leuch|ten, du leuchtest
der **Leuch|te**r, die Leuch|ter
   leug|nen, du leugnest
die **Leu|te**
das **Le|xi|kon**,
   die Le|xi|ka – Le|xi|ken
die **Li|bel|le**, die Li|bel|len
das **Licht**, die Lich|ter
die **Lich|tung**, die Lich|tun|gen
das **Lid** (Augenlid), die Li|der
   lieb
die **Lie|be**
   lie|ben, du liebst
der **Lieb|ling**, die Lieb|lin|ge
das **Lied** (z.B. Gesang),
   die Lie|der
sie **lief** ◁ laufen
   lie|fern, du lieferst
die **Lie|fe|rung**,
   die Lie|fe|run|gen
die **Lie|ge**, die Lie|gen
   lie|gen, du liegst, sie lag

er **lieh** ◁ leihen
sie **ließ** ◁ lassen
du **liest** ◁ lesen
die **Li|ga**, die Li|gen
   li|la
die **Li|lie**, die Li|li|en
die **Li|mo|na|de**,
   die Li|mo|na|den
die **Lin|de**, die Lin|den
das **Li|ne|al**, die Li|ne|a|le
die **Li|nie**, die Li|ni|en
   li|niert
   links
die **Lin|se**, die Lin|sen
die **Lip|pe**, die Lip|pen
   lis|peln, du lispelst
die **List**, die Lis|ten
die **Lis|te**, die Lis|ten
   lis|tig
   Li|tau|en
der **Li|ter** – das Li|ter (z.B. 2 l),
   die Li|ter
die **Li|te|ra|tur**
er **litt** ◁ leiden
   live
das **Lob**, die Lo|be
   lo|ben, du lobst
das **Loch**, die Lö|cher
   lo|chen, du lochst

lö|che|rig – löch|rig
die **Lo|cke**, die Lo|cken
lo|cken, du lockst
lo|cker
lo|ckern, du lockerst
lo|ckig ❻
lo|dern, es lodert
der **Löf|fel**, die Löf|fel
sie **log** ◁ lügen
lo|gisch
der **Lohn**, die Löh|ne
sich **loh|nen**, es lohnt sich
die **Loi|pe**, die Loi|pen
die **Lok**, die Loks
die **Lo|ko|mo|ti|ve**,
die Lo|ko|mo|ti|ven ❶
los
das **Los**, die Lo|se
lös|bar
lö|schen, du löschst
lo|se
lo|sen, du lost
lö|sen, du löst
lös|lich
die **Lö|sung**, die Lö|sun|gen
lö|ten, du lötest
der **Lot|se**, die Lot|sen

die **Lot|sin**, die Lot|sin|nen
die **Lot|te|rie**, die Lot|te|ri|en
das **Lot|to**
der **Lö|we**, die Lö|wen
der **Lö|wen|zahn**
der **Luchs**, die Luch|se ❽
die **Lü|cke**, die Lü|cken
lü|cken|los
er **lud** ◁ laden
die **Luft**, die Lüf|te
lüf|ten, du lüftest
luf|tig
die **Lüf|tung**, die Lüf|tun|gen
die **Lü|ge**, die Lü|gen
lü|gen, du lügst, sie log
die **Lu|ke**, die Lu|ken
sich **lüm|meln**, du lümmelst dich
der **Lum|pen**, die Lum|pen
lum|pig
die **Lun|ge**, die Lun|gen
die **Lu|pe**, die Lu|pen
die **Lust**, die Lüs|te
lus|tig ❻
lut|schen, du lutschst
Lu|xem|burg
lu|xu|ri|ös
der **Lu|xus**

M

m (Meter)

ma|chen, du machst

die **Macht**, die Mäch|te

mäch|tig

das **Mäd|chen**, die Mäd|chen

die **Ma|de**, die Ma|den

der **Ma|gen**,
die Mä|gen – Ma|gen

ma|ger

die **Ma|gie**

der **Ma|gnet**,
die Ma|gne|te – Ma|gne|ten

ma|gne|tisch

du **magst** ◁ mögen

mä|hen, du mähst

mah|len (z.B. Mehl mahlen),
du mahlst

die **Mahl|zeit**, die Mahl|zei|ten

die **Mäh|ne**, die Mäh|nen

mah|nen, du mahnst

die **Mah|nung**,
die Mah|nun|gen

der **Mai**

die **Mail|box**, die Mail|bo|xen

mai|len, du mailst

der **Main**

der **Mais** ❽

die **Ma|jes|tät**, die Ma|jes|tä|ten

das **Make-up**, die Make-ups

die **Mak|ka|ro|ni**

das **Mal**, die Ma|le

mal

ma|len (z.B. Bild malen),
du malst

Mal|ta

die **Ma|ma**, die Ma|mas

das **Mam|mut**,
die Mam|mu|te – Mam|muts

man

der **Ma|na|ger**, die Ma|na|ger

die **Ma|na|ge|rin**,
die Ma|na|ge|rin|nen

man|che

man|cher

man|ches

manch|mal

das **Man|da|la**, die Man|da|las

die **Man|da|ri|ne**,
die Man|da|ri|nen ❶

die **Man|del**, die Man|deln

die **Ma|ne|ge**, die Ma|ne|gen

der **Man|ga** – das Man|ga,
die Man|gas

134

der **Man|gel**, die Män|gel
man|gel|haft
der **Mann**, die Män|ner
männ|lich
die **Mann|schaft**,
die Mann|schaf|ten
der **Man|tel**, die Män|tel
die **Map|pe**, die Map|pen
der **Ma|ra|thon**, die Ma|ra|thons
das **Mär|chen**, die Mär|chen
der **Mar|der**, die Mar|der
die **Mar|ga|ri|ne**
die **Mar|ge|ri|te**,
die Mar|ge|ri|ten
Ma|riä Him|mel|fahrt
die **Ma|ri|o|net|te**,
die Ma|ri|o|net|ten
die **Mar|ke**, die Mar|ken
mar|kie|ren, du markierst
der **Markt**, die Märk|te
die **Mar|me|la|de**,
die Mar|me|la|den
der **Mars**
der **Marsch**, die Mär|sche
mar|schie|ren,
du marschierst
der **März**
das **Mar|zi|pan**
die **Ma|sche**, die Ma|schen

die **Ma|schi|ne**, die Ma|schi|nen
die **Ma|sern**
die **Mas|ke**, die Mas|ken
sich **mas|kie|ren**,
du maskierst dich
das **Mas|kott|chen**,
die Mas|kott|chen
das **Maß**, die Ma|ße
sie **maß** ◁ messen
die **Mas|sa|ge**, die Mas|sa|gen
die **Mas|se**, die Mas|sen
mas|sie|ren, du massierst
mä|ßig
mas|siv
die **Maß|nah|me**,
die Maß|nah|men
der **Maß|stab**, die Maß|stä|be ❹
der **Mast**, die Mas|ten – Mas|te
mäs|ten, du mästest
das **Match**, die Matchs –
Mat|che – Mat|ches
das **Ma|te|ri|al**,
die Ma|te|ri|a|li|en
die **Ma|the|ma|tik** ❷
ma|the|ma|tisch
die **Ma|trat|ze**, die Ma|trat|zen
der **Ma|tro|se**, die Ma|tro|sen
die **Ma|tro|sin**,
die Ma|tro|sin|nen

der **Matsch**

    mat|schig

    matt

die **Mat|te**, die Mat|ten

die **Mau|er**, die Mau|ern

das **Maul**, die Mäu|ler

    mau|len, du maulst

der **Maul|wurf**,

    die Maul|wür|fe

die **Maus**, die Mäu|se

die **Ma|yon|nai|se**

    MB (Megabyte)

der **Me|cha|ni|ker**,

    die Me|cha|ni|ker

die **Me|cha|ni|ke|rin**,

    die Me|cha|ni|ke|rin|nen

    me|cha|nisch

    me|cha|nisch

    me|ckern, du meckerst

    Meck|len|burg-

    Vor|pom|mern

die **Me|dail|le**, die Me|dail|len

die **Me|di|en**

das **Me|di|ka|ment**,

    die Me|di|ka|men|te

die **Me|di|zin**

das **Meer**, die Mee|re

das **Meer|schwein|chen**,

    die Meer|schwein|chen

das **Me|ga|byte** (z.B. 2 MB),

    die Me|ga|byte –

    Me|ga|bytes

das **Mehl**, die Meh|le

    mehr, am meisten ◁ viel

    mehr|mals ❹

die **Mehr|zahl**, die Mehr|zah|len

    mei|den, du meidest, er mied

    mein

    mei|ne

    mei|ner

    mei|nes

    mei|nen, du meinst

die **Mei|nung**, die Mei|nun|gen

die **Mei|se**, die Mei|sen

der **Mei|ßel**, die Mei|ßel

    meis|tens

am **meis|ten** ◁ viel

der **Meis|ter**, die Meis|ter

die **Meis|te|rin**,

    die Meis|te|rin|nen

die **Meis|ter|schaft**,

    die Meis|ter|schaf|ten

    mel|den, du meldest

die **Mel|dung**, die Mel|dun|gen

    mel|ken, du melkst, sie molk

die **Me|lo|die**, die Me|lo|di|en

die **Me|lo|ne**, die Me|lo|nen

das **Me|mo|ry**, die Me|mo|rys

die **Men|ge**, die Men|gen

der **Mensch**, die Men|schen

mensch|lich ❸

das **Me|nü**, die Me|nüs

mer|ken, du merkst

das **Merk|mal**, die Merk|ma|le

der **Mer|kur**

merk|wür|dig

die **Mes|se**, die Mes|sen

mes|sen, du misst, sie maß

das **Mes|ser**, die Mes|ser

das **Mes|sing**

das **Me|tall**, die Me|tal|le

der **Me|te|or**, die Me|te|o|re

der **Me|ter** – das Me|ter

(z.B. 9 m), die Me|ter

die **Me|tho|de**, die Me|tho|den

die **Metz|ge|rei**,

die Metz|ge|rei|en

die **Meu|te|rei**,

die Meu|te|rei|en

mg (Milligramm)

mi|au|en, sie miaut

mich

die **Mi|cky|maus**

er **mied** ◁ meiden

die **Mie|ne**, die Mie|nen

die **Mie|te**, die Mie|ten

mie|ten, du mietest

das **Mi|kro|fon** – Mi|kro|phon,

die Mi|kro|fo|ne –

Mi|kro|pho|ne

das **Mi|kro|skop**,

die Mi|kro|sko|pe

die **Mi|kro|wel|le**,

die Mi|kro|wel|len

die **Milch**

mild ❻

das **Mi|li|tär**

Mill. (Million)

die **Mil|li|ar|de**,

die Mil|li|ar|den

das **Mil|li|gramm** (z.B. 5 mg),

die Mil|li|gramm ❹

der **Mil|li|li|ter** (z.B. 10 ml),

die Mil|li|li|ter

der **Mil|li|me|ter** (z.B. 4 mm),

die Mil|li|me|ter

die **Mil|li|on** (z.B. 5 Mill. – Mio.),

die Mil|li|o|nen

min (Minute)

das **Mi|na|rett**, die Mi|na|ret|te

min|des|tens

die **Mi|ne**, die Mi|nen

das **Mi|ne|ral|was|ser**,

die Mi|ne|ral|wäs|ser

das **Mi|ni|golf**

der **Mi|nis|ter**, die Mi|nis|ter

die **Mi|nis|te|rin**,
die Mi|nis|te|rin|nen
der **Mi|nis|trant**,
die Mi|nis|tran|ten
die **Mi|nis|tran|tin**,
die Mi|nis|tran|tin|nen
mi|nus
das **Mi|nus|zei|chen**,
die Mi|nus|zei|chen
die **Mi|nu|te** (z.B. 6 min),
die Mi|nu|ten
Mio. (Million)
mir
mi|schen, du mischst
miss|ach|ten,
du missachtest
der **Miss|brauch**,
die Miss|bräu|che
der **Miss|er|folg**,
die Miss|er|fol|ge
miss|han|deln,
du misshandelst
die **Mis|si|on**, die Mis|si|o|nen
du **misst** ◁ messen
miss|trau|en, du misstraust
miss|trau|isch
das **Miss|ver|ständ|nis**,
die Miss|ver|ständ|nis|se
der **Mist**

mit
die **Mit|ar|beit**
mit|ei|nan|der ❸
mit|fah|ren, du fährst mit,
sie fuhr mit
das **Mit|glied**, die Mit|glie|der
der **Mit|laut**, die Mit|lau|te
das **Mit|leid**
mit|lei|dig
der **Mit|schü|ler**, die Mit|schü|ler
die **Mit|schü|le|rin**,
die Mit|schü|le|rin|nen
der **Mit|tag**, die Mit|ta|ge
mit|tags
die **Mit|te**, die Mit|ten
mit|tei|len, du teilst mit
die **Mit|tei|lung**,
die Mit|tei|lun|gen
das **Mit|tel**, die Mit|tel
das **Mit|tel|al|ter**
das **Mit|tel|meer**
die **Mit|tel|schu|le**,
die Mit|tel|schu|len
mit|ten
die **Mit|ter|nacht** ❹
mitt|ler|wei|le
der **Mitt|woch**, die Mitt|wo|che
mitt|wochs
mi|xen, du mixt

das **ml** (Milliliter)

mm (Millimeter)

das **Mö|bel**, die Mö|bel

sie **moch|te** ◁ mögen

die **Mo|de**, die Mo|den

das **Mo|dell**, die Mo|del|le

der **Mo|de|ra|tor**,
die Mo|de|ra|to|ren

die **Mo|de|ra|to|rin**,
die Mo|de|ra|to|rin|nen

mo|dern

das **Mo|fa**, die Mo|fas

mo|geln, du mogelst

mö|gen, du magst,
sie mochte

mög|lich

die **Mög|lich|keit**,
die Mög|lich|kei|ten

Mo|ham|med

der **Mohn**

die **Möh|re**, die Möh|ren

die **Mohr|rü|be**, die Mohr|rü|ben

der **Molch**, die Mol|che

sie **molk** ◁ melken

mol|lig

der **Mo|ment**, die Mo|men|te

mo|men|tan

der **Mo|nat**, die Mo|na|te

mo|nat|lich

der **Mönch**, die Mön|che

der **Mond**, die Mon|de

der **Mo|ni|tor**, die Mo|ni|to|re

das **Mons|ter**, die Mons|ter

der **Mon|tag**, die Mon|ta|ge

mon|tags

der **Mon|teur**, die Mon|teu|re

die **Mon|teu|rin**,
die Mon|teu|rin|nen

mon|tie|ren, du montierst

das **Moor**, die Moo|re

das **Moos**, die Moo|se ❽

das **Mo|ped**, die Mo|peds

die **Mo|ral**

der **Mord**, die Mor|de

der **Mör|der**, die Mör|der

die **Mör|de|rin**,
die Mör|de|rin|nen

der **Mor|gen**, die Mor|gen

mor|gen

mor|gens

morsch

das **Mo|sa|ik**, die Mo|sa|i|ken

die **Mo|schee**, die Mo|sche|en

die **Mo|sel**

der **Mo|tor**, die Mo|to|ren

das **Mo|tor|rad**,
die Mo|tor|rä|der

die **Mot|te**, die Mot|ten

das **Moun|tain|bike**,
    die Moun|tain|bikes
die **Mö|we**, die Mö|wen
die **Mü|cke**, die Mü|cken
    mü|de
die **Mü|dig|keit**
die **Mü|he**, die Mü|hen
die **Müh|le**, die Müh|len
    müh|sam
die **Mul|de**, die Mul|den
der **Müll**
die **Müll|ab|fuhr**,
    die Müll|ab|fuh|ren
die **Müll|de|po|nie**,
    die Müll|de|po|ni|en
die **Mul|ti|pli|ka|ti|on**,
    die Mul|ti|pli|ka|ti|o|nen ❷
    mul|ti|pli|zie|ren,
    du multiplizierst
die **Mu|mie**, die Mu|mi|en
der **Mund**, die Mün|der
    mün|den, er mündet ❹
    münd|lich
die **Mün|dung**,
    die Mün|dun|gen
    mun|ter
die **Mün|ze**, die Mün|zen
die **Mur|mel**, die Mur|meln
    mur|meln, du murmelst

    mür|risch
das **Mus**
die **Mu|schel**, die Mu|scheln
das **Mu|se|um**, die Mu|se|en
das **Mu|si|cal**, die Mu|si|cals
die **Mu|sik**
    mu|si|ka|lisch
der **Mu|si|ker**, die Mu|si|ker
die **Mu|si|ke|rin**,
    die Mu|si|ke|rin|nen
    mu|si|zie|ren, du musizierst
der **Mus|kel**, die Mus|keln
das **Müs|li**, die Müs|li – Müs|lis
der **Mus|lim**, die Mus|li|me
die **Mus|li|min** – Mus|li|ma,
    die Mus|li|min|nen –
    Mus|li|mas
    müs|sen, du musst,
    sie musste
  du **musst** ◁ müssen
  sie **muss|te** ◁ müssen
das **Mus|ter**, die Mus|ter
der **Mut**
    mu|tig ❻
die **Mut|ter** (Mama), die Müt|ter
die **Mut|ter** (einer Schraube),
    die Mut|tern
    mut|wil|lig
die **Müt|ze**, die Müt|zen

N

nach
der **Nach|bar**, die Nach|barn
die **Nach|ba|rin**,
die Nach|ba|rin|nen
nach|dem
nach|den|ken, du denkst
nach, er dachte nach
nach|denk|lich
nach|ei|nan|der
der **Nach|fol|ger**,
die Nach|fol|ger
die **Nach|fol|ge|rin**,
die Nach|fol|ge|rin|nen
die **Nach|fra|ge**,
die Nach|fra|gen
nach|ge|ben, du gibst nach,
sie gab nach
nach Hau|se – nach|hau|se
nach|her
der **Nach|mit|tag**,
die Nach|mit|ta|ge
nach|mit|tags
die **Nach|richt**, die Nach|rich|ten
nächs|te

nächs|ter
nächs|tes
am **nächs|ten** ◁ nah
die **Nacht**, die Näch|te
der **Nach|teil**, die Nach|tei|le
nach|träg|lich
nachts
na|ckig
nackt
die **Na|del**, die Na|deln
der **Na|gel**, die Nä|gel
na|gen, du nagst
nah, näher, am nächsten
die **Nä|he**
nä|hen, du nähst
nä|her, am nächsten ◁ nah
er **nahm** ◁ nehmen
die **Nah|rung** ❽
das **Nah|rungs|mit|tel**,
die Nah|rungs|mit|tel
die **Naht**, die Näh|te
na|iv
der **Na|me**, die Na|men
näm|lich
er **nann|te** ◁ nennen
der **Napf**, die Näp|fe
die **Nar|be**, die Nar|ben
die **Nar|ko|se**, die Nar|ko|sen
der **Narr**, die Nar|ren

die **Här|rin**, die Här|rin|nen
här|risch
die **Nar|zis|se**, die Nar|zis|sen
na|schen, du naschst
die **Na|se**, die Na|sen ❶
nass
die **Näs|se**
die **Na|ti|on**, die Na|ti|o|nen
na|ti|o|nal
die **Na|tur**, die Na|tu|ren
na|tür|lich
der **Ne|bel**, die Ne|bel
ne|be|lig – neb|lig
ne|ben
ne|ben|ei|nan|der
der **Ne|ckar**
ne|cken, du neckst
der **Nef|fe**, die Nef|fen
ne|ga|tiv
neh|men, du nimmst,
er nahm ❹
der **Neid**
nei|disch
sich **nei|gen**, du neigst dich
nein
die **Nel|ke**, die Nel|ken
nen|nen, du nennst,
er nannte ❺
der **Nep|tun**

der **Nerv**, die Ner|ven
ner|vös
das **Nest**, die Nes|ter
nett
das **Netz**, die Net|ze
neu
die **Neu|gier**
neu|gie|rig
die **Neu|ig|keit**,
die Neu|ig|kei|ten ❼
das **Neu|jahr**
neu|lich
neun
neun|mal
neun|zig
nicht
die **Nich|te**, die Nich|ten
nichts
ni|cken, du nickst
nie
nie|der ❷
die **Nie|der|la|ge**,
die Nie|der|la|gen
die **Nie|der|lan|de**
Nie|der|sach|sen
der **Nie|der|schlag**,
die Nie|der|schlä|ge
nied|lich
nied|rig ❻

142

nie|mals

nie|mand

die **Nie|re**, die Nie|ren

nie|seln, es nieselt

nie|sen, du niest

die **Nie|te**, die Nie|ten

der **Ni|ko|laus**,

die Ni|ko|lau|se –
Ni|ko|läu|se

das **Nil|pferd**, die Nil|pfer|de

du **nimmst** ◁ nehmen

nir|gends

nir|gend|wo

die **Ni|sche**, die Ni|schen

nis|ten, er nistet

die **Ni|xe**, die Ni|xen ❽

noch

noch|mals

das **No|men**, die No|men

der **No|mi|na|tiv**,

die No|mi|na|ti|ve

die **Non|ne**, die Non|nen

der **Non|sens** ❶

non|stop

der **Nor|den**

nörd|lich

der **Nord|pol**

Nord|rhein-West|fa|len

die **Nord|see**

nör|geln, du nörgelst

die **Norm**, die Nor|men

nor|mal

nor|ma|ler|wei|se

Nor|we|gen

die **Not**, die Nö|te

die **No|te**, die No|ten

das **Note|book**, die Note|books

no|tie|ren, du notierst

nö|tig ❻

die **No|tiz**, die No|ti|zen

not|wen|dig

der **No|vem|ber**

nüch|tern

nu|ckeln, du nuckelst

die **Nu|del**, die Nu|deln

null

die **Num|mer**, die Num|mern

num|me|rie|ren,

du nummerierst ❹

nun

nur

nu|scheln, du nuschelst

die **Nuss**, die Nüs|se

nut|zen, du nutzt ❷

nüt|zen, es nützt

nütz|lich

O

die **Oa|se**, die Oa|sen
ob
ob|dach|los
oben
ober|fläch|lich
das **Ob|jekt**, die Ob|jek|te
die **Ob|la|te**, die Ob|la|ten
das **Obst**
ob|wohl
der **Och|se**, die Och|sen
ocker
oder
die **Oder**
der **Ofen**, die Öfen
of|fen ⑤
die **Of|fen|heit**
öf|fent|lich
of|fi|zi|ell
off|line
öff|nen, du öffnest
die **Öff|nung**, die Öff|nun|gen
oft
öf|ter

oh|ne
ohn|mäch|tig
das **Ohr**, die Oh|ren
o. k. (okay)
okay (o. k.)
öko|lo|gisch
der **Ok|to|ber**
das **Öl**, die Öle
ölig
die **Oli|ve**, die Oli|ven
die **Olym|pi|a|de**,
die Olym|pi|a|den
olym|pisch
die **Oma**, die Omas
der **On|kel**, die On|kel
on|line
der **Opa**, die Opas
das **Open-Air-Kon|zert**,
die Open-Air-Kon|zer|te
die **Oper**, die Opern
die **Ope|ra|ti|on**,
die Ope|ra|ti|o|nen
ope|rie|ren, du operierst
das **Op|fer**, die Op|fer
der **Op|ti|ker**, die Op|ti|ker
die **Op|ti|ke|rin**,
die Op|ti|ke|rin|nen
op|ti|mal
op|ti|mis|tisch

die **Oran|ge**, die Oran|gen ❽

das **Or|ches|ter**, die Or|ches|ter

or|dent|lich

ord|nen, du ordnest

der **Ord|ner**, die Ord|ner

die **Ord|nung**

das **Or|gan**, die Or|ga|ne

die **Or|ga|ni|sa|ti|on**,

die Or|ga|ni|sa|ti|o|nen

or|ga|ni|sie|ren,

du organisierst

die **Or|gel**, die Or|geln

der **Ori|ent**

ori|en|ta|lisch

sich **ori|en|tie|ren**,

du orientierst dich

die **Ori|en|tie|rung**,

die Ori|en|tie|rungen

das **Ori|gi|nal**,

die Ori|gi|na|le

ori|gi|nell

der **Or|kan**, die Or|ka|ne

der **Ort**, die Or|te ❻

der **Os|ten**

Os|tern

Ös|ter|reich

öst|lich

die **Ost|see**

der **Ot|ter** (Marderart),

die Ot|ter ❺

die **Ot|ter** (Schlangenart),

die Ot|tern

oval

der **Over|all**, die Over|alls

der **Oze|an**, die Oze|a|ne

das **Ozon**

das **Paar**, die Paa|re

ein **paar**

ein **paar|mal**

das **Päck|chen**, die Päck|chen ❹

pa|cken, du packst

die **Pa|ckung**, die Pa|ckun|gen

das **Pad|del**, die Pad|del ❺

pad|deln, du paddelst

das **Pa|ket**, die Pa|ke|te ❶
der **Pa|last**, die Pa|läs|te
die **Pal|me**, die Pal|men
die **Pa|nik**
die **Pan|ne**, die Pan|nen
der **Pan|ther** – Pan|ter,
    die Pan|ther – Pan|ter
der **Pan|tof|fel**, die Pan|tof|feln
die **Pan|to|mi|me**,
    die Pan|to|mi|men
der **Pan|zer**, die Pan|zer
der **Pa|pa**, die Pa|pas ❼
der **Pa|pa|gei**, die Pa|pa|gei|en
das **Pa|pier**, die Pa|pie|re
die **Pap|pe**, die Pap|pen
die **Pap|pel**, die Pap|peln
die **Pap|ri|ka** – der Pap|ri|ka,
    die Pap|ri|ka – Pap|ri|kas
der **Papst**, die Päps|te
das **Pa|ra|dies**, die Pa|ra|die|se
    pa|ral|lel
die **Pa|ral|le|le**, die Pa|ral|le|len
der **Pa|ra|sit**, die Pa|ra|si|ten
das **Pär|chen**, die Pär|chen
das **Par|fum** – Par|füm,
    die Par|fums – Par|fü|me –
    Par|füms
der **Park**, die Parks
    par|ken, du parkst ❸

das **Par|kett**,
    die Par|ket|te – Par|ketts
das **Par|la|ment**,
    die Par|la|men|te
die **Par|tei**, die Par|tei|en
der **Part|ner**, die Part|ner
die **Part|ne|rin**,
    die Part|ne|rin|nen
die **Part|ner|schaft**,
    die Part|ner|schaf|ten
die **Par|ty**, die Par|tys ❽
der **Pass**, die Päs|se
der **Pas|sa|gier**,
    die Pas|sa|gie|re
die **Pas|sa|gie|rin**,
    die Pas|sa|gie|rin|nen
das **Pas|sah|fest**,
    die Pas|sah|fes|te
    pas|sen, es passt ❷
    pas|sie|ren, es passiert
    pas|siv
die **Pas|te|te**, die Pas|te|ten
der **Pas|tor**, die Pas|to|ren
die **Pas|to|rin**,
    die Pas|to|rin|nen
der **Pa|te**, die Pa|ten
der **Pa|ti|ent**, die Pa|ti|en|ten
die **Pa|ti|en|tin**,
    die Pa|ti|en|tin|nen

die **Pa**|**tin**, die Pa|tin|nen
die **Pat**|**ro**|**ne**, die Pat|ro|nen
die **Pau**|**ke**, die Pau|ken
die **Pau**|**se**, die Pau|sen
der **Pa**|**zi**|**fik**
der **PC**, die PCs
das **Pech**
das **Pe**|**dal**, die Pe|da|le ❶
   pein|**lich**
die **Pel**|**le**, die Pel|len
der **Pelz**, die Pel|ze
   pel|**zig**
das **Pen**|**del**, die Pen|del
der **Pe**|**nis**, die Pe|nis|se
   pen|**nen**, du pennst
die **Pen**|**si**|**on**, die Pen|si|o|nen
das **Per**|**fekt**
   per|**fekt**
die **Pe**|**ri**|**o**|**de**, die Pe|ri|o|den
die **Per**|**le**, die Per|len
die **Per**|**son**, die Per|so|nen
das **Per**|**so**|**nal**
   per|**sön**|**lich** ❸
die **Per**|**spek**|**ti**|**ve**,
   die Per|spek|ti|ven
die **Pe**|**rü**|**cke**, die Pe|rü|cken
   Pes|**sach**
   pes|**si**|**mis**|**tisch**
die **Pest**

die **Pe**|**ter**|**si**|**lie**
   pet|**zen**, du petzt
der **Pfad**, die Pfa|de ❻
der **Pfahl**, die Pfäh|le
das **Pfand**, die Pfän|der –
   Pfan|de
die **Pfan**|**ne**, die Pfan|nen
der **Pfann**|**ku**|**chen**,
   die Pfann|ku|chen
der **Pfar**|**rer**, die Pfar|rer
die **Pfar**|**re**|**rin**,
   die Pfar|re|rin|nen
der **Pfau**, die Pfau|en
der **Pfef**|**fer**
die **Pfef**|**fer**|**min**|**ze**
die **Pfei**|**fe**, die Pfei|fen
   pfei|**fen**, du pfeifst, er pfiff
der **Pfeil**, die Pfei|le
das **Pferd**, die Pfer|de ❻
der **Pfiff**, die Pfif|fe
   er **pfiff** ◁ pfeifen
der **Pfif**|**fer**|**ling**,
   die Pfif|fer|lin|ge
   pfif|**fig**
   Pfings|**ten**
der **Pfir**|**sich**, die Pfir|si|che
die **Pflan**|**ze**, die Pflan|zen
   pflan|**zen**, du pflanzt
das **Pflas**|**ter**, die Pflas|ter

die **Pflau**|me, die Pflau|men

die **Pfle**|ge

    pfle|gen, du pflegst

die **Pflicht**, die Pflich|ten

    pflü|cken, du pflückst

    pflü|gen, du pflügst

die **Pfor**|te, die Pfor|ten

der **Pfört**|ner, die Pfört|ner

die **Pfört**|ne|rin,

    die Pfört|ne|rin|nen

der **Pfos**|ten, die Pfos|ten

die **Pfo**|te, die Pfo|ten

der **Pfrop**|fen, die Pfrop|fen

    pfui

das **Pfund**, die Pfun|de

    pfu|schen, du pfuschst

die **Pfüt**|ze, die Pfüt|zen ❺

die **Phan**|ta|sie – Fan|ta|sie,

    die Phan|ta|si|en –

    Fan|ta|si|en

    phan|tas|tisch –

    fan|tas|tisch

das **Phan**|tom, die Phan|to|me

die **Pha**|se, die Pha|sen

die **Phi**|lo|so|phie

die **Phy**|sik ❽

    phy|si|ka|lisch

der **Pi**|ckel, die Pi|ckel

    pi|cken, du pickst

das **Pick**|nick, die Pick|nicks

    pie|pen, es piept ❷

    piep|sen, es piepst

    pier|cen, du bist gepierct

    pi|kant

die **Pil**|le, die Pil|len

der **Pi**|lot, die Pi|lo|ten

die **Pi**|lo|tin, die Pi|lo|tin|nen

der **Pilz**, die Pil|ze

    pink

    pin|keln, du pinkelst

die **Pinn**|wand, die Pinn|wän|de

der **Pin**|sel, die Pin|sel

    pin|seln, du pinselst

die **Pin**|zet|te, die Pin|zet|ten

der **Pi**|rat, die Pi|ra|ten

die **Pi**|ra|tin, die Pi|ra|tin|nen

    pir|schen, du pirschst

die **Pis**|te, die Pis|ten

die **Pis**|to|le, die Pis|to|len

die **Piz**|za, die Piz|zas – Piz|zen

die **Piz**|ze|ria, die Piz|ze|ri|en

der **Pkw** – PKW,

    die Pkws – PKWs

    pla|gen, du plagst

das **Pla**|kat, die Pla|ka|te

die **Pla**|ket|te, die Pla|ket|ten

der **Plan**, die Plä|ne ❹

die **Pla**|ne, die Pla|nen

pla|nen, du planst

der Pla|net, die Pla|ne|ten

plan|schen – plant|schen, du planschst – plantschst

plap|pern, du plapperst

plär|ren, du plärrst

das Plas|tik

plät|schern, es plätschert

das Platt|deutsch

platt

die Plat|te, die Plat|ten

der Platz, die Plät|ze ❹

das Plätz|chen, die Plätz|chen

plat|zen, du platzt

plau|dern, du plauderst

das Play-back – Play|back

plei|te

die Plom|be, die Plom|ben

plötz|lich

plump ❻

plump|sen, du plumpst

plün|dern, du plünderst

der Plu|ral

plus

der Po, die Pos

po|chen, du pochst

das Po|di|um, die Po|di|en

das Po|e|sie|al|bum, die Po|e|sie|al|ben

der Po|kal, die Po|ka|le

der Pol, die Po|le

Po|len

po|lie|ren, du polierst

die Po|li|tik

po|li|tisch

die Po|li|zei

der Po|li|zist, die Po|li|zis|ten

die Po|li|zis|tin, die Po|li|zis|tin|nen

der Pol|len, die Pol|len

pol|tern, du polterst

die Pommes frites – Pom|mes

das Po|ny, die Po|nys ❽

der Pool, die Pools

der Pop

das Pop|corn

die Pop|mu|sik

die Po|re, die Po|ren

die Por|ti|on, die Por|ti|o|nen

das Porte|mon|naie, – Port|mo|nee, die Porte|mon|naies – Port|mo|nees

das Port|fo|lio, die Port|fo|li|os

das Por|to, die Por|tos – Por|ti

Por|tu|gal

das Por|zel|lan

die Po|sau|ne, die Po|sau|nen

die **Po|si|ti|on**, die Po|si|ti|o|nen
   po|si|tiv
die **Post** ❶
das **Pos|ter**, die Pos|ter
die **Pracht**
   präch|tig
das **Prä|di|kat**, die Prä|di|ka|te
   prä|gen, du prägst
   prah|len, du prahlst
   prak|tisch
die **Pra|li|ne**, die Pra|li|nen
   prall
die **Prä|mie**, die Prä|mi|en
die **Pran|ke**, die Pran|ken
die **Prä|po|si|ti|on**,
   die Prä|po|si|ti|o|nen
die **Prä|rie**, die Prä|ri|en
das **Prä|sens**
die **Prä|sen|ta|ti|on**,
   die Prä|sen|ta|ti|o|nen
   prä|sen|tie|ren,
   du präsentierst ❸
der **Prä|si|dent**,
   die Prä|si|den|ten
die **Prä|si|den|tin**,
   die Prä|si|den|tin|nen
   pras|seln, es prasselt
das **Prä|te|ri|tum**
die **Pra|xis**, die Pra|xen ❽

pre|di|gen, du predigst
die **Pre|digt**, die Pre|dig|ten
der **Preis**, die Prei|se
das **Preis|aus|schrei|ben**,
   die Preis|aus|schrei|ben
   preis|wert
   prel|len, du prellst
die **Prel|lung**,
   die Prel|lun|gen ❼
die **Pre|mie|re**, die Pre|mie|ren
die **Pres|se**, die Pres|sen
   pres|sen, du presst ❺
der **Pries|ter**, die Pries|ter
die **Pries|te|rin**,
   die Pries|te|rin|nen
   pri|ma
   pri|mi|tiv
der **Prinz**, die Prin|zen
die **Prin|zes|sin**,
   die Prin|zes|sin|nen
das **Prin|zip**, die Prin|zi|pi|en
die **Pri|se**, die Pri|sen
   pri|vat
   pro
die **Pro|be**, die Pro|ben
   pro|ben, du probst ❷
   pro|bie|ren, du probierst
das **Pro|blem**, die Pro|ble|me
das **Pro|dukt**, die Pro|duk|te

pro|du|zie|ren,
du produzierst

der **Pro|fes|sor**,
die Pro|fes|so|ren

die **Pro|fes|so|rin**,
die Pro|fes|so|rin|nen

der **Pro|fi**, die Pro|fis

das **Pro|fil**, die Pro|fi|le

das **Pro|gramm**,
die Pro|gram|me

das **Pro|jekt**, die Pro|jek|te ❻

der **Pro|jek|tor**,
die Pro|jek|to|ren

pro|mi|nent

prompt

das **Pro|no|men**, die Pro|no|men

der **Pro|pel|ler**, die Pro|pel|ler

pro|phe|zei|en,
du prophezeist

pro|sit

der **Pros|pekt**, die Pros|pek|te

prost

der **Pro|test**, die Pro|tes|te

pro|tes|tan|tisch

pro|tes|tie|ren,
du protestierst

die **Pro|the|se**, die Pro|the|sen

das **Pro|to|koll**,
die Pro|to|kol|le

pro|to|kol|lie|ren,
du protokollierst

der **Pro|vi|ant**

das **Pro|zent**, die Pro|zen|te

der **Pro|zess**, die Pro|zes|se

prü|fen, du prüfst ❷

die **Prü|fung**, die Prü|fun|gen

die **Prü|ge|lei**, die Prü|ge|lei|en

prü|geln, du prügelst

PS (Pferdestärke,
Postscriptum)

die **Psy|cho|lo|gie**

die **Pu|ber|tät**

das **Pub|li|kum**

der **Pud|ding**,
die Pud|din|ge – Pud|dings

der **Pu|der**, die Pu|der

pu|dern, du puderst

der **Puf|fer**, die Puf|fer

der **Pul|li**, die Pul|lis ❺

der **Pul|lo|ver**, die Pul|lo|ver

der **Puls**, die Pul|se

das **Pult**, die Pul|te

das **Pul|ver**, die Pul|ver

die **Pum|pe**, die Pum|pen

pum|pen, du pumpst

der **Punkt**, die Punk|te

pünkt|lich

die **Pu|pil|le**, die Pu|pil|len

die **Pup**|**pe**, die Pup|pen
pur
das **Pü**|**ree**, die Pü|rees
pur|**zeln**, du purzelst
die **Pus**|**te** ❶
pus|**ten**, du pustest
put|**zen**, du putzt

put|**zig**
puz|**zeln**, du puzzelst
das **Puz**|**zle**, die Puz|zles
der **Py**|**ja**|**ma**,
die Py|ja|mas
die **Py**|**ra**|**mi**|**de**,
die Py|ra|mi|den ❽

der **Qua**|**der**, die Qua|der
das **Qua**|**drat**, die Qua|dra|te
qua|**dra**|**tisch**
der **Quai** – Kai, die Quais – Kais
qua|**ken**, du quakst
die **Qual**, die Qua|len ❹
quä|**len**, du quälst
die **Qua**|**li**|**tät**, die Qua|li|tä|ten
die **Qual**|**le**, die Qual|len ❺
der **Qualm**
qual|**men**, es qualmt
der **Quark**
das **Quar**|**tett**, die Quar|tet|te
das **Quar**|**tier**, die Quar|tie|re
quas|**seln**, du quasselst

der **Quatsch**
quat|**schen**, du quatschst
das **Queck**|**sil**|**ber**
die **Quel**|**le**, die Quel|len
quel|**len**, es quillt, es quoll
quen|**geln**, du quengelst
quer
die **Quer**|**flö**|**te**, die Quer|flö|ten
der **Quer**|**schnitt**,
die Quer|schnit|te
quer|**schnitt**|**ge**|**lähmt** –
quer|schnitts|ge|lähmt
quet|**schen**, du quetschst
die **Quet**|**schung**,
die Quet|schun|gen ❼

quie|ken, du quiekst

quiet|schen, es quietscht

es **quillt** ◁ quellen

der **Quirl**, die Quir|le

quir|len, du quirlst

quitt

die **Quit**|te, die Quit|ten

quit|tie|ren, du quittierst

die **Quit|tung**, die Quit|tun|gen

das **Quiz**, die Quiz **8**

es **quoll** ◁ quellen

die **Quo**|te, die Quo|ten

der **Quo**|ti|ent,
die Quo|ti|en|ten

der **Ra**|**batt**, die Ra|bat|te **5**

der **Ra**|be, die Ra|ben

die **Ra**|che

der **Ra**|chen, die Ra|chen

sich **rä**|chen, du rächst dich

das **Rad**, die Rä|der

der **Ra**|dar – das Ra|dar,
die Ra|da|re

der **Ra**|dau

der **Rad**|fah|rer,
die Rad|fah|rer

die **Rad**|fah|re|rin,
die Rad|fah|re|rin|nen **4**

ra|die|ren, du radierst

der **Ra**|dier|gum|mi,
die Ra|dier|gum|mis

das **Ra**|dies|chen,
die Ra|dies|chen **2**

ra|di|kal

das **Ra**|dio, die Ra|di|os

der **Ra**|di|us, die Ra|di|en

raf|fen, du raffst

raf|fi|niert

der **Rah**|men, die Rah|men

die **Ra**|ke|te, die Ra|ke|ten **1**

die **Ral**|lye, die Ral|lyes

der **Ra**|ma|dan

ram|men, du rammst

die **Ram|pe**, die Ram|pen

der **Rand**, die Rän|der ❻

der **Rang**, die Rän|ge

sie **rang** ◁ ringen

    ran|gie|ren, du rangierst

es **rann** ◁ rinnen

er **rann|te** ◁ rennen

der **Ran|zen**, die Ran|zen ❼

    ran|zig

der **Rap**, die Raps

der **Rap|pe**, die Rap|pen

der **Rap|per**, die Rap|per

die **Rap|pe|rin**,

    die Rap|pe|rin|nen

der **Raps**

    rar

    ra|sant

    rasch

    ra|scheln, es raschelt

der **Ra|sen**, die Ra|sen

    ra|sen, du rast

sich **ra|sie|ren**, du rasierst dich

die **Ras|se**, die Ras|sen

die **Ras|sel**, die Ras|seln ❺

    ras|seln, du rasselst

die **Rast**, die Ras|ten

    ras|ten, du rastest

die **Rast|stät|te**,

    die Rast|stät|ten

der **Rat**, die Rä|te ❻

die **Ra|te**, die Ra|ten

    ra|ten, du rätst, sie riet

das **Rat|haus**, die Rat|häu|ser

der **Rat|schlag**, die Rat|schlä|ge

das **Rät|sel**, die Rät|sel

du **rätst** ◁ raten

die **Rat|te**, die Rat|ten

    rat|tern, es rattert

    rau

    rau|ben, du raubst

der **Räu|ber**, die Räu|ber ❹

die **Räu|be|rin**,

    die Räu|be|rin|nen

der **Rauch**

    rau|chen, du rauchst

    räu|chern, du räucherst

    rau|fen, du raufst ❷

die **Rau|fe|rei**, die Rau|fe|rei|en

der **Raum**, die Räu|me

    räu|men, du räumst

die **Rau|pe**, die Rau|pen ❶

der **Rau|reif**

    raus

der **Rausch**, die Räu|sche

    rau|schen, es rauscht

sich **räus|pern**,

    du räusperst dich

die **Raz|zia**, die Raz|zi|en

re|agie|ren, du reagierst

die Re|ak|ti|on,
die Re|ak|ti|o|nen

re|a|lis|tisch

die Re|a|li|tät, die Re|a|li|tä|ten

die Re|al|schu|le,
die Re|al|schu|len

die Re|be, die Re|ben

der Re|chen, die Re|chen
re|chen, du rechst
rech|nen, du rechnest

der Rech|ner, die Rech|ner ❼

die Rech|nung,
die Rech|nun|gen ❼

das Recht, die Rech|te ❻
recht

das Recht|eck, die Recht|ecke
recht|eckig

sich recht|fer|ti|gen,
du rechtfertigst dich

rechts

recht|zei|tig

das Reck, die Re|cke

sich re|cken, du reckst dich

re|cy|celn, du recycelst

das Re|cy|cling

die Re|de, die Re|den
re|den, du redest

die Re|form, die Re|for|men

der Re|for|ma|ti|ons|tag

das Re|gal, die Re|ga|le

die Re|gel, die Re|geln
re|gel|mä|ßig
re|geln, du regelst

der Re|gen

sich re|gen, du regst dich
re|gie|ren, du regierst

die Re|gie|rung,
die Re|gie|run|gen

das Re|gime,
die Re|gi|me – Re|gimes

die Re|gi|on, die Re|gi|o|nen
re|gi|o|nal

der Re|gis|seur,
die Re|gis|seu|re

die Re|gis|seu|rin,
die Re|gis|seu|rin|nen

reg|nen, es regnet

reg|ne|risch

das Reh, die Re|he
rei|ben, du reibst, sie rieb

die Rei|bung, die Rei|bun|gen
reich
rei|chen, es reicht
reich|lich

der Reich|tum, die Reich|tü|mer
reif

der Reif

der **Rei**|**fen**, die Rei|fen
die **Rei**|**he**, die Rei|hen
der **Reim**, die Rei|me ❶
   rei|**men**, du reimst
   rein
   rei|**ni**|**gen**, du reinigst ❷
die **Rei**|**ni**|**gung**,
   die Rei|ni|gun|gen
der **Reis**
die **Rei**|**se**, die Rei|sen
   rei|**sen**, du reist
   rei|**ßen**, du reißt, er riss ❽
der **Reiß**|**ver**|**schluss**,
   die Reiß|ver|schlüs|se
   rei|**ten**, du reitest, er ritt
der **Reiz**, die Rei|ze
   rei|**zen**, du reizt
   rei|**zend** ❻
die **Re**|**kla**|**me**, die Re|kla|men
der **Re**|**kord**, die Re|kor|de
der **Rek**|**tor**, die Rek|to|ren
die **Rek**|**to**|**rin**, die Rek|to|rin|nen
   re|**la**|**tiv**
die **Re**|**li**|**gi**|**on**,
   die Re|li|gi|o|nen
   re|**li**|**gi**|**ös**
   rem|**peln**, du rempelst
das **Ren**|**nen**, die Ren|nen
   ren|**nen**, du rennst, er rannte

   re|**no**|**vie**|**ren**, du renovierst
die **Ren**|**te**, die Ren|ten
sich **ren**|**tie**|**ren**, es rentiert sich
der **Rent**|**ner**, die Rent|ner
die **Rent**|**ne**|**rin**,
   die Rent|ne|rin|nen
die **Re**|**pa**|**ra**|**tur**,
   die Re|pa|ra|tu|ren ❷
   re|**pa**|**rie**|**ren**, du reparierst
die **Re**|**por**|**ta**|**ge**,
   die Re|por|ta|gen
der **Re**|**por**|**ter**, die Re|por|ter
die **Re**|**por**|**te**|**rin**,
   die Re|por|te|rin|nen
das **Rep**|**til**, die Rep|ti|li|en
die **Re**|**pu**|**blik**, die Re|pu|bli|ken
die **Re**|**ser**|**ve**, die Re|ser|ven
   re|**ser**|**vie**|**ren**, du reservierst
der **Res**|**pekt**
der **Rest**, die Res|te
das **Res**|**tau**|**rant**,
   die Res|tau|rants
   ret|**ten**, du rettest ❺
der **Ret**|**tich**, die Ret|ti|che
die **Ret**|**tung**, die Ret|tun|gen ❼
die **Reue**
das **Re**|**vier**, die Re|vie|re
der **Re**|**vol**|**ver**, die Re|vol|ver
das **Re**|**zept**, die Re|zep|te

der **Rha|bar|ber**
der **Rhein**
    Rhein|land-Pfalz
    rhyth|misch
der **Rhyth|mus**, die Rhyth|men
    rich|ten, du richtest
der **Rich|ter**, die Rich|ter
die **Rich|te|rin**,
    die Rich|te|rin|nen
    rich|tig
die **Rich|tung**, die Rich|tun|gen
sie **rieb** ◁ reiben
    rie|chen, du riechst, er roch
sie **rief** ◁ rufen
der **Rie|gel**, die Rie|gel
der **Rie|men**, die Rie|men
der **Rie|se**, die Rie|sen ❷
    rie|seln, es rieselt
    rie|sig
die **Rie|sin**, die Rie|sin|nen
sie **riet** ◁ raten
das **Riff**, die Rif|fe
die **Ril|le**, die Ril|len ❺
das **Rind**, die Rin|der ❻
die **Rin|de**, die Rin|den
der **Ring**, die Rin|ge
    rin|gen, du ringst, sie rang
    rings|he|rum
die **Rin|ne**, die Rin|nen

    rin|nen, es rinnt, es rann
die **Rip|pe**, die Rip|pen
das **Ri|si|ko**,
    die Ri|si|ken – Ri|si|kos
    ris|kie|ren, du riskierst
der **Riss**, die Ris|se
    er **riss** ◁ rei|ßen
    ris|sig
der **Ritt**, die Rit|te
    er **ritt** ◁ reiten
der **Rit|ter**, die Rit|ter
die **Rit|ze**, die Rit|zen
die **Rob|be**, die Rob|ben
der **Ro|bo|ter**, die Ro|bo|ter
    ro|bust
    er **roch** ◁ riechen
    rö|cheln, du röchelst
der **Rock**, die Rö|cke ❼
    ro|deln, du rodelst
der **Rog|gen**
    roh ❽
das **Rohr**, die Roh|re
die **Röh|re**, die Röh|ren
die **Rol|le**, die Rol|len
    rol|len, du rollst
der **Rol|ler**, die Rol|ler
das **Rol|lo**, die Rol|los
der **Ro|man**, die Ro|ma|ne
    ro|man|tisch

rönt|gen, sie wird geröntgt

ro|sa

die Ro|se, die Ro|sen

ro|sig

die Ro|si|ne, die Ro|si|nen ❶

der Rost

ros|ten, es rostet

rös|ten, du röstest

ros|tig

rot

rub|beln, du rubbelst

die Rü|be, die Rü|ben

der Ruck, die Ru|cke

der Rü|cken, die Rü|cken

rü|cken, du rückst

die Rück|kehr

die Rück|sicht,
die Rück|sich|ten

rück|sichts|los

rück|wärts

der Ruck|sack, die Ruck|sä|cke

der Rück|tritt, die Rück|trit|te

das Ru|del, die Ru|del

das Ru|der, die Ru|der ❷

ru|dern, du ruderst

der Ruf, die Ru|fe

ru|fen, du rufst, sie rief

die Rü|ge, die Rü|gen

die Ru|he

ru|hig

der Ruhm ❽

rüh|ren, du rührst

die Ru|i|ne, die Ru|i|nen

Ru|mä|ni|en

der Rum|mel|platz,
die Rum|mel|plät|ze

rümp|fen, du rümpfst

rund ❻

die Run|de, die Run|den

der Rund|funk

run|zeln, du runzelst

runz|lig

rup|fen, du rupfst

der Ruß

der Rüs|sel, die Rüs|sel

ru|ßig

Russ|land

rüs|tig

die Rüs|tung,
die Rüs|tun|gen ❼

die Ru|te, die Ru|ten

die Rut|sche, die Rut|schen

rut|schen, du rutschst

rüt|teln, du rüttelst

S

s (Sekunde)
S. (Seite)
der **Saal**, die Sä|le
das **Saar|land**
die **Saat**, die Saa|ten
der **Sab|bat**, die Sab|ba|te
die **Sa|che**, die Sa|chen
   sach|lich
   säch|lich
   Sach|sen
   Sach|sen-An|halt
der **Sack**, die Sä|cke
die **Sack|gas|se**,
   die Sack|gas|sen
   sä|en, du säst
der **Safe** – das Safe, die Safes
der **Saft**, die Säf|te
   saf|tig
die **Sa|ge**, die Sa|gen
die **Sä|ge**, die Sä|gen
   sa|gen, du sagst
   sä|gen, du sägst
   sa|gen|haft
  er **sah** ◁ sehen

die **Sah|ne**
   sah|nig ❻
die **Sai|son**, die Sai|sons
die **Sai|te** (z.B. Gitarrensaite),
   die Sai|ten ❽
der **Sa|la|man|der**,
   die Sa|la|man|der
die **Sa|la|mi**, die Sa|la|mis
der **Sa|lat**, die Sa|la|te
die **Sal|be**, die Sal|ben
der **Sal|to**, die Sal|tos – Sal|ti
das **Salz**, die Sal|ze
   sal|zig
der **Sa|men**, die Sa|men
   sam|meln, du sammelst ❷
die **Samm|lung**,
   die Samm|lun|gen
der **Sams|tag**, die Sams|ta|ge
   sams|tags
   sämt|lich
der **Sand**
die **San|da|le**, die San|da|len
   san|dig
  er **sand|te** ◁ senden
   sanft
  er **sang** ◁ singen
der **Sän|ger**, die Sän|ger
die **Sän|ge|rin**,
   die Sän|ge|rin|nen

der **Sa|ni|tä|ter**, die Sa|ni|tä|ter
die **Sa|ni|tä|te|rin**,
    die Sa|ni|tä|te|rin|nen
 es **sank** ◁ sinken
der **Sarg**, die Sär|ge
sie **saß** ◁ sitzen
der **Sa|tel|lit**, die Sa|tel|li|ten
    satt
der **Sat|tel**, die Sät|tel ❺
der **Sa|turn**
der **Satz**, die Sät|ze
die **Satz|aus|sa|ge**,
    die Satz|aus|sa|gen
der **Satz|ge|gen|stand**,
    die Satz|ge|gen|stän|de
die **Sau**, die Säue
    sau|ber ❶
    säu|bern, du säuberst
    sau|er
    säu|er|lich
der **Sau|er|stoff**
    sau|fen, du säufst, es soff
 du **säufst** ◁ saufen
    sau|gen, du saugst,
    sie sog ❸
das **Säu|ge|tier**,
    die Säu|ge|tie|re
der **Säug|ling**, die Säug|lin|ge
die **Säu|le**, die Säu|len

der **Saum**, die Säu|me
die **Sau|na**,
    die Sau|nas – Sau|nen
die **Säu|re**, die Säu|ren
der **Sau|ri|er**, die Sau|ri|er
    sau|sen, du saust
die **S-Bahn**, die S-Bah|nen
der **Scan|ner**, die Scan|ner
    scha|ben, du schabst
    schä|big
die **Scha|blo|ne**,
    die Scha|blo|nen
das **Schach**
der **Schacht**, die Schäch|te
die **Schach|tel**, die Schach|teln
    scha|de
der **Schä|del**, die Schä|del
der **Scha|den**, die Schä|den ❹
    scha|den, du schadest
    schäd|lich
der **Schäd|ling**, die Schäd|lin|ge
das **Schaf**, die Scha|fe
der **Schä|fer**, die Schä|fer
die **Schä|fe|rin**,
    die Schä|fe|rin|nen
    schaf|fen, du schaffst
der **Schal**, die Schals
die **Scha|le**, die Scha|len
    schä|len, du schälst

der **Schall**,
    die Schal|le – Schäl|le ❼
    schal|len, es schallt
die **Schall|plat|te**,
    die Schall|plat|ten
    schal|ten, du schaltest
der **Schal|ter**, die Schal|ter
sich **schä|men**, du schämst dich
die **Schan|ze**, die Schan|zen
die **Schar**, die Scha|ren
    scharf, schärfer,
    am schärfsten
die **Schär|fe**
    schär|fer,
    am schärfsten ◁ scharf
der **Schar|lach**
    schar|ren, du scharrst
das **Schasch|lik** –
    der Schasch|lik,
    die Schasch|liks
der **Schat|ten**, die Schat|ten
    schat|tig ❻
der **Schatz**, die Schät|ze
    schät|zen, du schätzt
die **Schau**, die Schau|en
    schau|en, du schaust
der **Schau|er**, die Schau|er
die **Schau|fel**, die Schau|feln
    schau|feln, du schaufelst

die **Schau|kel**, die Schau|keln
    schau|keln, du schaukelst
der **Schaum**, die Schäu|me
    schäu|men, du schäumst
    schau|rig
der **Schau|spie|ler**,
    die Schau|spie|ler
die **Schau|spie|le|rin**,
    die Schau|spie|le|rin|nen
der **Scheck**, die Schecks
die **Schei|be**, die Schei|ben
die **Schei|de**, die Schei|den
sich **schei|den las|sen**,
    du lässt dich scheiden,
    sie ließen sich scheiden
die **Schei|dung**,
    die Schei|dun|gen ❼
der **Schein**, die Schei|ne
    schein|bar
    schei|nen, es scheint,
    es schien
der **Schei|tel**, die Schei|tel
    schei|tern, du scheiterst
der **Schen|kel**, die Schen|kel
    schen|ken, du schenkst
die **Scher|be**, die Scher|ben
die **Sche|re**, die Sche|ren
der **Scherz**, die Scher|ze
    scher|zen, du scherzt

die **Scheu**
scheu
scheu|ern, du scheuerst
die **Scheu|ne**, die Scheu|nen
scheuß|lich
der **Schi** – Ski,
die Schi|er – Ski|er ❽
die **Schicht**, die Schich|ten
schick – chic
schi|cken, du schickst
das **Schick|sal**, die Schick|sa|le
schie|ben, du schiebst,
sie schob ❷
der **Schieds|rich|ter**,
die Schieds|rich|ter
die **Schieds|rich|te|rin**,
die Schieds|rich|te|rin|nen
schief
schie|len, du schielst
es **schien** ◁ scheinen
das **Schien|bein**,
die Schien|bei|ne
die **Schie|ne**, die Schie|nen
schie|ßen, du schießt,
sie schoss ❹
das **Schiff**, die Schif|fe
die **Schiff|fahrt**,
die Schiff|fahr|ten
die **Schi|ka|ne**, die Schi|ka|nen

schi|ka|nie|ren,
du schikanierst
das **Schild**, die Schil|der
schil|dern, du schilderst
die **Schild|krö|te**,
die Schild|krö|ten
das **Schilf**, die Schil|fe
schil|lern, es schillert
der **Schim|mel**,
die Schim|mel ❺
schim|me|lig – schimm|lig
schim|mern, es schimmert
schimp|fen, du schimpfst
der **Schin|ken**, die Schin|ken
die **Schip|pe**, die Schip|pen
der **Schirm**, die Schir|me
schlach|ten, du schlachtest
der **Schlaf**
die **Schlä|fe**, die Schlä|fen
schla|fen, du schläfst,
sie schlief ❸
schlaff
schlä|fe|rig – schläf|rig
du **schläfst** ◁ schlafen
der **Schlag**, die Schlä|ge
schla|gen, du schlägst,
er schlug
die **Schlä|ge|rei**,
die Schlä|ge|rei|en

du **schlägst** ◁ schlagen
der **Schlamm**
    schlam|mig
die **Schlam|pe|rei**,
    die Schlam|pe|rei|en
    schlam|pig
sie **schlang** ◁ schlingen
die **Schlan|ge**, die Schlan|gen
    schlank
    schlapp
das **Schla|raf|fen|land**
    schlau ❶
der **Schlauch**, die Schläu|che
die **Schlau|fe**, die Schlau|fen
    schlecht
    schle|cken, du schleckst ❺
    schlei|chen, du schleichst,
    er schlich
der **Schlei|er**, die Schlei|er
    schlei|er|haft
die **Schlei|fe**, die Schlei|fen
    schlei|fen, du schleifst,
    sie schliff
der **Schleim**, die Schlei|me
    schlei|mig
    schlen|dern, du schlenderst
    schlep|pen, du schleppst
der **Schlep|per**, die Schlep|per
    Schles|wig-Hol|stein

    schleu|dern, du schleuderst
    schleu|nigst
die **Schleu|se**, die Schleu|sen
er **schlich** ◁ schleichen
    schlicht
    schlich|ten, du schlichtest
er **schlief** ◁ schlafen
    schlie|ßen, du schließt,
    er schloss ❹
    schließ|lich
sie **schliff** ◁ schleifen
    schlimm
    schlin|gen, du schlingst,
    sie schlang
der **Schlit|ten**, die Schlit|ten
    schlit|tern, du schlitterst
der **Schlitz**, die Schlit|ze
das **Schloss**, die Schlös|ser
er **schloss** ◁ schließen
    schlot|tern, du schlotterst
die **Schlucht**, die Schluch|ten
    schluch|zen, du schluchzt
der **Schluck**, die Schlu|cke
der **Schluck|auf**
    schlu|cken, du schluckst
er **schlug** ◁ schlagen
    schlum|mern,
    du schlummerst
    schlüp|fen, du schlüpfst

schlüpf|rig
schlur|fen, du schlurfst
schlür|fen, du schlürfst
der Schluss, die Schlüs|se
der Schlüs|sel, die Schlüs|sel
schmäch|tig
schmack|haft
schmal ❶
das Schmalz, die Schmal|ze
schmat|zen, du schmatzt
schme|cken, es schmeckt
schmei|cheln,
du schmeichelst
schmei|ßen, du schmeißt,
sie schmiss
schmel|zen, es schmilzt,
es schmolz
der Schmerz, die Schmer|zen
schmerz|haft ❸
der Schmet|ter|ling,
die Schmet|ter|lin|ge
schmie|den, du schmiedest
schmie|ren, du schmierst ❷
schmie|rig
es schmilzt ◁ schmelzen
die Schmin|ke, die Schmin|ken
schmin|ken, du schminkst
sie schmiss ◁ schmeißen
schmö|kern, du schmökerst

schmol|len, du schmollst
es schmolz ◁ schmelzen
schmo|ren, es schmort
der Schmuck
schmü|cken, du schmückst
schmug|geln,
du schmuggelst
schmun|zeln,
du schmunzelst
schmu|sen, du schmust
der Schmutz
schmut|zig ❻
der Schna|bel, die Schnä|bel
die Schna|ke, die Schna|ken
die Schnal|le, die Schnal|len
schnal|zen, du schnalzt
das Schnäpp|chen,
die Schnäpp|chen
schnap|pen, du schnappst
der Schnaps, die Schnäp|se
schnar|chen, du schnarchst
schnat|tern, du schnatterst
schnau|ben, du schnaubst
schnau|fen, du schnaufst
die Schnau|ze, die Schnau|zen
sich schnäu|zen,
du schnäuzt dich
die Schne|cke, die Schne|cken
der Schnee ❽

164

schnei|den, du schneidest,
sie schnitt

die Schnei|de|rei,
die Schnei|de|rei|en

schnei|en, es schneit

schnell

die Schnel|lig|keit ❼

schnip|peln, du schnippelst

der Schnitt, die Schnit|te

sie schnitt ◁ schneiden

der Schnitt|lauch

das Schnit|zel, die Schnit|zel

schnit|zen, du schnitzt

der Schnor|chel,
die Schnor|chel

schnüf|feln, du schnüffelst

der Schnul|ler, die Schnul|ler

der Schnup|fen, die Schnup|fen

schnup|pern,
du schnupperst ❺

die Schnur, die Schnü|re

schnü|ren, du schnürst

schnur|ren, sie schnurrt

der Schnür|sen|kel,
die Schnür|sen|kel

er schob ◁ schieben

der Schock, die Schocks

die Scho|ko|la|de,
die Scho|ko|la|den

schon ❶

schön

scho|nen, du schonst

die Schön|heit ❼

die Scho|nung (Nachsicht)

die Scho|nung (junger
geschützter Baumbestand),
die Scho|nun|gen

schöp|fen, du schöpfst

die Schöp|fung,
die Schöp|fun|gen

der Schorn|stein,
die Schorn|stei|ne

der Schoß, die Schö|ße ❽

sie schoss ◁ schießen

schräg

die Schram|me,
die Schram|men

der Schrank, die Schrän|ke

die Schran|ke, die Schran|ken

die Schrau|be,
die Schrau|ben

schrau|ben, du schraubst

der Schreck – Schre|cken,
die Schre|cken

schreck|lich ❸

der Schrei, die Schreie

schrei|ben, du schreibst,
er schrieb

schrei|en, du schreist,
sie schrie
die **Schrei|ne|rei**,
die Schrei|ne|rei|en
sie **schrie** ◁ schreien
er **schrieb** ◁ schreiben
die **Schrift**, die Schrif|ten
schrift|lich
schrill
die **Schrip|pe**, die Schrip|pen
der **Schritt**, die Schrit|te
schroff
der **Schrott**
schrub|ben, du schrubbst
der **Schrub|ber**, die Schrub|ber
schrump|fen, es schrumpft
das **Schub|fach**,
die Schub|fä|cher
die **Schub|kar|re**,
die Schub|kar|ren
die **Schub|la|de**,
die Schub|la|den
der **Schubs**, die Schub|se
schub|sen, du schubst
schüch|tern
der **Schuh**, die Schu|he
die **Schuld**, die Schul|den ❻
schul|den, du schuldest
schul|dig

die **Schu|le**, die Schu|len
der **Schü|ler**, die Schü|ler
die **Schü|le|rin**,
die Schü|le|rin|nen
die **Schul|ter**, die Schul|tern
schum|meln, du schummelst
die **Schup|pe**, die Schup|pen
der **Schup|pen**, die Schup|pen
schü|ren, du schürst
die **Schür|ze**, die Schür|zen
der **Schuss**, die Schüs|se
die **Schüs|sel**, die Schüs|seln
schus|se|lig – schuss|lig
der **Schus|ter**, die Schus|ter
die **Schus|te|rin**,
die Schus|te|rin|nen
der **Schutt**
schüt|teln, du schüttelst ❷
schüt|ten, du schüttest
der **Schutz**
der **Schüt|ze**, die Schüt|zen
die **Schüt|zin**, die Schüt|zin|nen
schüt|zen, du schützt
schwach, schwächer,
am schwächsten
die **Schwä|che**, die Schwä|chen
schwä|cher,
am schwächsten ◁ schwach
schwäch|lich

der **Schwa|ger**, die Schwä|ger

die **Schwä|ge|rin**,
  die Schwä|ge|rin|nen

die **Schwal|be**, die Schwal|ben

der **Schwamm**, die Schwäm|me

 er **schwamm** ◁ schwimmen

der **Schwan**, die Schwä|ne

sie **schwang** ◁ schwingen

  schwan|ger

die **Schwan|ger|schaft**,
  die Schwan|ger|schaf|ten

  schwan|ken, du schwankst

der **Schwanz**, die Schwän|ze

  schwän|zen, du schwänzt

der **Schwarm**, die Schwär|me

  schwär|men, du schwärmst

  schwarz

  schwat|zen – schwät|zen,
du schwatzt – schwätzt ❸

  schwe|ben, du schwebst

  Schwe|den

  schwei|gen, du schweigst,
sie schwieg

  schweig|sam

das **Schwein**, die Schwei|ne

der **Schweiß**

  schwei|ßen, du schweißt

die **Schweiz**

die **Schwel|le**, die Schwel|len

schwel|len, es schwillt,
es schwoll

schwen|ken, du schwenkst

schwer

schwer|fäl|lig

schwer|hö|rig

der **Schwer|punkt**,
  die Schwer|punk|te

das **Schwert**, die Schwer|ter

die **Schwes|ter**,
  die Schwes|tern

sie **schwieg** ◁ schweigen

  schwie|rig ❷

die **Schwie|rig|keit**,
  die Schwie|rig|kei|ten ❼

 es **schwillt** ◁ schwellen

  schwim|men, du schwimmst,
er schwamm ❺

der **Schwin|del**

  schwin|de|lig – schwind|lig

  schwin|deln, du schwindelst

  schwin|gen, du schwingst,
sie schwang

  schwir|ren, du schwirrst

  schwit|zen, du schwitzt

 es **schwoll** ◁ schwellen

sie **schwor** ◁ schwören

  schwö|ren, du schwörst,
sie schwor

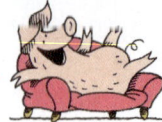

schwül
der **Schwung**, die Schwün|ge
sechs
sechs|mal
sech|zig ❻
der **See** (größeres Gewässer im
Land), die Se|en
die **See** (Meer)
die **See|le**, die See|len
das **Se|gel**, die Se|gel
se|geln, du segelst
der **Se|gen**, die Se|gen
se|hen, du siehst, er sah
die **Seh|ne**, die Seh|nen
sich **seh|nen**, du sehnst dich
die **Sehn|sucht**,
die Sehn|süch|te
sehr ❽
seicht
ihr **seid** ◁ sein
die **Sei|de**, die Sei|den
die **Sei|fe**, die Sei|fen
das **Seil**, die Sei|le
sein, du bist, sie war
sein
sei|ne
sei|ner
seit
seit|dem

die **Sei|te** (z.B. S. 3) (z.B.
Buchseite), die Sei|ten
seit|her
seit|wärts
der **Se|kre|tär**, die Se|kre|tä|re
das **Se|kre|ta|ri|at**,
die Se|kre|ta|ri|ate
die **Se|kre|tä|rin**,
die Se|kre|tä|rin|nen
der **Sekt**
die **Sek|te**, die Sek|ten
die **Se|kun|de** (z.B. 5 s),
die Se|kun|den
sel|ber
selbst
der **Selbst|laut**, die Selbst|lau|te
selbst|stän|dig –
selb|stän|dig
selbst|ver|ständ|lich
se|lig
sel|ten ❶
selt|sam
die **Sem|mel**, die Sem|meln
sen|den, du sendest,
er sandte – sendete ❹
der **Sen|der**, die Sen|der
die **Sen|dung**, die Sen|dun|gen
der **Senf**, die Sen|fe
sen|ken, du senkst

senk|recht

die **Senk|rech|te**,
die Senk|rech|ten

die **Sen|sa|ti|on**,
die Sen|sa|ti|o|nen

sen|sa|ti|o|nell

sen|si|bel

der **Sep|tem|ber**

Ser|bi|en

die **Se|rie**, die Se|ri|en

die **Ser|pen|ti|ne**,
die Ser|pen|ti|nen

der **Ser|vice** – das Ser|vice,
die Ser|vi|ces

ser|vie|ren, du servierst

die **Ser|vi|et|te**, die Ser|vi|et|ten

ser|vus

der **Ses|sel**, die Ses|sel

sich **set|zen**, du setzt dich

die **Seu|che**, die Seu|chen

seuf|zen, du seufzt

das **Sham|poo**, die Sham|poos

der **She|riff**, die She|riffs

das **Shirt**, die Shirts

der **Shop**, die Shops

shop|pen, er shoppt

die **Shorts**, die Shorts

die **Show**, die Shows

sich

die **Si|chel**, die Si|cheln

si|cher

die **Si|cher|heit**,
die Si|cher|hei|ten

si|cher|lich

si|chern, du sicherst

die **Si|che|rung**,
die Si|che|run|gen ❼

die **Sicht**

sicht|bar

sie

das **Sieb**, die Sie|be

sie|ben, du siebst

sie|ben ❷

sie|ben|mal

sieb|zig

die **Sied|lung**, die Sied|lun|gen

der **Sieg**, die Sie|ge ❻

sie|gen, du siegst

du **siehst** ◁ sehen

das **Si|gnal**, die Si|gna|le

die **Sil|be**, die Sil|ben

das **Sil|ber**

das **Si|lo**, die Si|los

Sil|ves|ter

sie **sind**, sie waren ◁ sein

sin|gen, du singst, er sang

der **Sin|gle**, die Sin|gles

der **Sin|gu|lar**

sin|ken, es sinkt, es sank

der **Sinn**, die Sin|ne

sinn|los ❸

sinn|voll

die **Sint|flut**

die **Si|re|ne**, die Si|re|nen

der **Si|rup**, die Si|ru|pe – Si|rups

die **Sit|te**, die Sit|ten

die **Si|tua|ti|on**, die Si|tua|ti|o|nen

sit|zen, du sitzt, sie saß ❹

die **Sit|zung**, die Sit|zun|gen

die **Ska|la**, die Ska|len

der **Skan|dal**, die Skan|da|le

das **Skate|board**, die Skate|boards

das **Ske|lett**, die Ske|let|te

der **Sketch**, die Sket|che

der **Ski** – Schi, die Ski|er – Schi|er

die **Skiz|ze**, die Skiz|zen

der **Skla|ve**, die Skla|ven

die **Skla|vin**, die Skla|vin|nen

der **Skor|pi|on**, die Skor|pi|o|ne

der **Sla|lom**, die Sla|loms

der **Slip**, die Slips

Slo|wa|kei

Slo|we|ni|en

das **Smart|phone** – Smart Phone, die Smart|phones – Smart Phones

der **Smog**, die Smogs

das **Snow|board**, die Snow|boards

so

so|bald

die **So|cke** – der So|cken, die So|cken ❺

so|dass – so dass

das **So|fa**, die So|fas

es **soff** ◁ saufen

so|fort

das **Soft|eis**

die **Soft|ware**, die Soft|wares

sie **sog** ◁ saugen

so|gar

die **Soh|le** (Schuhsohle), die Soh|len

der **Sohn**, die Söh|ne ❽

die **So|lar|ener|gie**

sol|che

sol|cher

sol|ches

der **Sol|dat**, die Sol|da|ten

die **Sol|da|tin**, die Sol|da|tin|nen

die **So|le** (Salzwasser), die So|len

sol|len, du sollst

das **So|lo**, die So|li – So|los

so|mit

der **Som|mer**, die Som|mer

son|der|bar

son|dern

der **Song**, die Songs

der **Sonn|abend**,
die Sonn|aben|de
sonn|abends

die **Son|ne**, die Son|nen
son|nig

der **Sonn|tag**, die Sonn|ta|ge
sonn|tags

sonst

so|oft

die **Sor|ge**, die Sor|gen
sor|gen, du sorgst ❶

die **Sorg|falt**
sorg|fäl|tig

die **Sor|te**, die Sor|ten
sor|tie|ren, du sortierst

die **So|ße**, die So|ßen

der **Sound**, die Sounds

so|weit

so|wie|so

so|wohl

so|zi|al

so|zu|sa|gen

die **Spa|ghet|ti** – Spa|get|ti

spä|hen, du spähst

der **Spalt** – die Spal|te,
die Spal|ten

der **Span**, die Spä|ne

die **Span|ge**, die Span|gen

Spa|ni|en

er **spann** ◁ spinnen

span|nen, du spannst

span|nend

die **Span|nung**,
die Span|nun|gen ❼

spa|ren, du sparst

der **Spar|gel**, die Spar|gel
spar|sam

der **Spaß**, die Spä|ße ❹

spa|ßen, du spaßt

spa|ßig

spät

der **Spa|ten**, die Spa|ten
spä|tes|tens

der **Spatz**, die Spat|zen
spa|zie|ren, du spazierst

der **Spa|zier|gang**,
die Spa|zier|gän|ge

der **Specht**, die Spech|te

der **Speck**, die Spe|cke
spe|ckig

der **Speer**, die Spee|re

die **Spei**|**che**, die Spei|chen

der **Spei**|**chel**

der **Spei**|**cher**, die Spei|cher

    spei|**chern**, du speicherst

die **Spei**|**se**, die Spei|sen

    spei|**sen**, du speist

die **Spen**|**de**, die Spen|den

    spen|**den**, du spendest ❸

der **Sper**|**ling**, die Sper|lin|ge

die **Sper**|**re**, die Sper|ren

    sper|**ren**, du sperrst

sich **spe**|**zi**|**a**|**li**|**sie**|**ren**,

    du spezialisierst dich

die **Spe**|**zi**|**a**|**li**|**tät**,

    die Spe|zi|a|li|tä|ten

    spe|**zi**|**ell**

    spi|**cken**, du spickst

der **Spick**|**zet**|**tel**,

    die Spick|zet|tel

der **Spie**|**gel**, die Spie|gel

    spie|**geln**, du spiegelst

das **Spiel**, die Spie|le

    spie|**len**, du spielst ❷

der **Spieß**, die Spie|ße

der **Spi**|**nat** ❽

die **Spin**|**ne**, die Spin|nen

    spin|**nen**, du spinnst,

    er spann

    spi|**o**|**nie**|**ren**, du spionierst

die **Spi**|**ra**|**le**, die Spi|ra|len

der **Spi**|**ri**|**tus**

    spitz

die **Spit**|**ze**, die Spit|zen

der **Spit**|**zel**, die Spit|zel

    spit|**zen**, du spitzt ❺

der **Spit**|**zer**, die Spit|zer

der **Split**|**ter**, die Split|ter

    split|**tern**, es splittert

der **Spon**|**sor**, die Spon|so|ren

die **Spon**|**so**|**rin**,

    die Spon|so|rin|nen

    spon|**tan**

der **Sport**

    sport|**lich**

der **Spot** (Werbespot), die Spots

der **Spott** (Gemeinheit)

    spot|**ten**, du spottest

    spöt|**tisch**

sie **sprach** ◁ sprechen

die **Spra**|**che**, die Spra|chen

    sprach|**lich**

    sprach|**los**

er **sprang** ◁ springen

das **Spray**, die Sprays

    spre|**chen**, du sprichst,

    sie sprach

    spren|**gen**, du sprengst

du **sprichst** ◁ sprechen

das **Sprich|wort**,
　　die Sprich|wör|ter
　　sprin|gen, du springst,
　　er sprang
der **Sprit**
die **Sprit|ze**, die Sprit|zen
　　sprit|zen, du spritzt
　　sprö|de
der **Spross**, die Spros|se
die **Spros|se**, die Spros|sen
der **Spruch**, die Sprü|che
der **Spru|del**, die Spru|del
　　sprü|hen, du sprühst
der **Sprung**, die Sprün|ge ❻
die **Spu|cke**
　　spu|cken, du spuckst
der **Spuk**
　　spu|ken, es spukt
　　spü|len, du spülst
die **Spur**, die Spu|ren ❼
　　spü|ren, du spürst
　　spur|los
der **Spurt**, die Spurts
　　spur|ten, du spurtest
der **Staat**, die Staa|ten
　　staat|lich
der **Stab**, die Stä|be ❻
　　sta|bil
sie **stach** ◁ stechen

der **Sta|chel**, die Sta|cheln
　　sta|che|lig – stach|lig
das **Sta|di|on**, die Sta|di|en
die **Stadt**, die Städ|te
　　städ|tisch
die **Staf|fel**, die Staf|feln
der **Stahl**, die Stäh|le
　　er **stahl** ◁ stehlen
der **Stall**, die Stäl|le
der **Stamm**, die Stäm|me ❸
　　stam|men, du stammst
　　stam|meln, du stammelst
　　stamp|fen, du stampfst
der **Stand**, die Stän|de
　　sie **stand** ◁ stehen
der **Stan|dard**, die Stan|dards
der **Stän|der**, die Stän|der
　　stän|dig
die **Stan|ge**, die Stan|gen
der **Stän|gel**, die Stän|gel
　　es **stank** ◁ stinken
der **Sta|pel**, die Sta|pel
　　sta|peln, du stapelst
　　stap|fen, du stapfst
der **Star** (Vogel), die Sta|re
der **Star** (z.B. Filmstar), die Stars
　　er **starb** ◁ sterben
　　stark, stärker,
　　am stärksten ❹

die **Stär|ke**, die Stär|ken
stär|ker,
am stärksten ◁ stark
starr
star|ren, du starrst
der **Start**, die Starts
star|ten, du startest
die **Sta|ti|on**, die Sta|ti|o|nen
statt
statt|des|sen
statt|fin|den, es findet statt,
es fand statt
statt|lich
die **Sta|tue**, die Sta|tu|en
der **Stau**, die Staus
der **Staub**
stau|ben, es staubt
stau|big
die **Stau|de**, die Stau|den
sich **stau|en**, es staut sich
stau|nen, du staunst
das **Steak**, die Steaks
ste|chen, du stichst,
sie stach
ste|cken, du steckst
der **Ste|cker**, die Ste|cker
der **Steg**, die Ste|ge ❻
ste|hen, du stehst,
sie stand

steh|len, du stiehlst,
er stahl ❽
steif
stei|gen, du steigst, sie stieg
stei|gern, du steigerst
steil
der **Stein**, die Stei|ne
der **Stein|bock**, die Stein|bö|cke
stei|nig
die **Stel|le**, die Stel|len
stel|len, du stellst ❺
stell|ver|tre|tend
die **Stel|ze**, die Stel|zen
stem|men, du stemmst
der **Stem|pel**, die Stem|pel
die **Step|pe**, die Step|pen
ster|ben, du stirbst, er starb
der **Stern**, die Ster|ne
die **Stern|schnup|pe**,
die Stern|schnup|pen
stets
das **Steu|er** (z.B. Lenkrad),
die Steu|er
die **Steu|er** (z.B.
Mehrwertsteuer),
die Steu|ern
steu|ern, du steuerst
der **Stich**, die Sti|che
du **stichst** ◁ stechen

sti|cken, du stickst

der Sti|cker, die Sti|cker

sti|ckig

der Stie|fel, die Stie|fel ❷

die Stief|el|tern

sie stieg ◁ steigen

du stiehlst ◁ stehlen

der Stiel (z.B. Besenstiel),
die Stie|le

der Stier, die Stie|re

er stieß ◁ stoßen

der Stift, die Stif|te

der Stil (z.B. Musikstil), die Sti|le

still

die Stil|le

die Stim|me, die Stim|men ❹

stim|men, es stimmt

die Stim|mung,
die Stim|mun|gen

stin|ken, es stinkt, es stank

du stirbst ◁ sterben

die Stirn – Stir|ne, die Stir|nen

stö|bern, du stöberst

sto|chern, du stocherst

der Stock, die Stö|cke

das Stock|werk,
die Stock|wer|ke

der Stoff, die Stof|fe

stöh|nen, du stöhnst

der Stol|len, die Stol|len

stol|pern, du stolperst

der Stolz

stolz

stol|zie|ren, du stolzierst

STOP (auf
Verkehrsschildern)

stop|fen, du stopfst

der Stopp, die Stopps

die Stop|pel, die Stop|peln

stop|pen, du stoppst ❺

der Stöp|sel, die Stöp|sel

der Storch, die Stör|che

stö|ren, du störst ❹

stör|risch

die Stö|rung, die Stö|run|gen

die Sto|ry, die Sto|rys

der Stoß, die Stö|ße

sto|ßen, du stößt, er stieß

stot|tern, du stotterst

straf|bar

die Stra|fe, die Stra|fen

der Strahl, die Strah|len

strah|len, du strahlst

die Strah|lung,
die Strah|lun|gen ❼

die Sträh|ne, die Sträh|nen

stramm

stram|peln, du strampelst

der **Strand**, die Strän|de ❻
die **Stra|pa|ze**, die Stra|pa|zen
die **Stra|ße**, die Stra|ßen
die **Stra|te|gie**, die Stra|te|gi|en
sich **sträu|ben**, du sträubst dich
der **Strauch**, die Sträu|cher
der **Strauß** (Vogel), die Strau|ße
der **Strauß** (z.B. Blumenstrauß),
   die Sträu|ße
   stre|ben, du strebst
die **Stre|cke**, die Stre|cken
sich **stre|cken**, du streckst dich
der **Street|ball**
der **Streich**, die Strei|che
   strei|cheln, du streichelst
   strei|chen, du streichst,
   er strich ❷
der **Strei|fen**, die Strei|fen
   strei|fen, du streifst
der **Streik**, die Streiks
   strei|ken, du streikst
der **Streit**, die Strei|te
   strei|ten, du streitest,
   sie stritt
   streng
der **Stress**
   stres|sig ❸
   streu|en, du streust
   streu|nen, du streunst

der **Strich**, die Stri|che
   er **strich** ◁ streichen
der **Strick**, die Stri|cke
   stri|cken, du strickst
   sie **stritt** ◁ streiten
das **Stroh**
der **Strolch**, die Strol|che
der **Strom**, die Strö|me ❹
   strö|men, es strömt
die **Strö|mung**,
   die Strö|mun|gen
die **Stro|phe**, die Stro|phen
   strub|be|lig – strubb|lig
der **Stru|del**, die Stru|del
die **Struk|tur**, die Struk|tu|ren
der **Strumpf**, die Strümp|fe
   strup|pig
die **Stu|be**, die Stu|ben
das **Stück**, die Stü|cke
der **Stu|dent**, die Stu|den|ten
die **Stu|den|tin**,
   die Stu|den|tin|nen
   stu|die|ren, du studierst
das **Stu|dio**, die Stu|di|os
das **Stu|di|um**, die Stu|di|en
die **Stu|fe**, die Stu|fen
der **Stuhl**, die Stüh|le ❽
   stumm
   stumpf

die **Stun|de** (h), die Stun|den
stünd|lich
stur
der **Sturm**, die Stür|me
stür|men, es stürmt
der **Stür|mer**, die Stür|mer
die **Stür|me|rin**,
die Stür|me|rin|nen
stür|misch
der **Sturz**, die Stür|ze
stür|zen, du stürzt
die **Stu|te**, die Stu|ten
die **Stüt|ze**, die Stüt|zen
stut|zen, du stutzt
stüt|zen, du stützt
stut|zig
das **Sty|ro|por** ❽
das **Sub|jekt**, die Sub|jek|te
das **Sub|stan|tiv**,
die Sub|stan|ti|ve
die **Sub|stanz**, die Sub|stan|zen
sub|tra|hie|ren,
du subtrahierst
die **Sub|trak|ti|on**,
die Sub|trak|ti|o|nen
die **Su|che**, die Su|chen
su|chen, du suchst ❹
die **Sucht**, die Süch|te
süch|tig ❻

der **Sü|den**
süd|lich
die **Sum|me**, die Sum|men
sum|men, du summst
der **Sumpf**, die Sümp|fe
die **Sün|de**, die Sün|den
sün|di|gen, du sündigst
su|per ❶
der **Su|per|markt**,
die Su|per|märk|te
die **Sup|pe**, die Sup|pen
sur|fen, du surfst
süß
die **Sü|ßig|keit**,
die Sü|ßig|kei|ten
süß|lich ❸
das **Sweat|shirt**, die Sweat|shirts
der **Swim|ming|pool**,
die Swim|ming|pools
das **Sym|bol**, die Sym|bo|le
die **Sym|me|trie**,
die Sym|me|tri|en
sym|me|trisch
sym|pa|thisch
die **Sy|na|go|ge**,
die Sy|na|go|gen
das **Sys|tem**, die Sys|te|me ❽
sys|te|ma|tisch
die **Sze|ne**, die Sze|nen

t (Tonne)

der **Ta**|**bak** ❼

die **Ta**|**bel**|**le**, die Ta|bel|len

das **Ta**|**blett**, die Ta|bletts

die **Ta**|**blet**|**te**, die Ta|blet|ten ❺

der **Ta**|**cho**, die Ta|chos

der **Ta**|**del**, die Ta|del ❷

ta|**del**|**los**

die **Ta**|**fel**, die Ta|feln

der **Tag**, die Ta|ge

ta|**ge**|**lang** ❷

täg|**lich**

der **Takt**, die Tak|te

takt|**los**

takt|**voll**

das **Tal**, die Tä|ler

das **Ta**|**lent**, die Ta|len|te

ta|**len**|**tiert**

die **Talk**|**show**, die Talk|shows

der **Tank**, die Tanks

tan|**ken**, du tankst

die **Tan**|**ne**, die Tan|nen ❺

die **Tan**|**te**, die Tan|ten

der **Tanz**, die Tän|ze

tan|**zen**, du tanzt

der **Tän**|**zer**, die Tän|zer

die **Tän**|**ze**|**rin**,
die Tän|ze|rin|nen

das **Tape** – der Tape, die Tapes

die **Ta**|**pe**|**te**, die Ta|pe|ten ❶

ta|**pe**|**zie**|**ren**, du tapezierst

tap|**fer**

sich **tar**|**nen**, du tarnst dich

die **Tar**|**nung**, die Tar|nun|gen

die **Ta**|**sche**, die Ta|schen

die **Tas**|**se**, die Tas|sen

die **Tas**|**ta**|**tur**, die Tas|ta|tu|ren

die **Tas**|**te**, die Tas|ten

tas|**ten**, du tastest

die **Tat**, die Ta|ten

er **tat** ◁ tun

tä|**tig** ❹

die **Tä**|**tig**|**keit**, die Tä|tig|kei|ten

die **Tat**|**sa**|**che**, die Tat|sa|chen

tat|**säch**|**lich**

die **Tat**|**ze**, die Tat|zen

das **Tau** (Seil), die Taue

der **Tau** (Morgentau)

taub

die **Tau**|**be**, die Tau|ben ❼

tau|**chen**, du tauchst

tau|**en**, es taut

die **Tau**|**fe**, die Tau|fen

tau|fen, du wirst getauft
tau|gen, es taugt
tau|meln, du taumelst
tau|schen, du tauschst
täu|schen, du täuschst
die **Täu|schung**,
die Täu|schun|gen
tau|send ❻
das **Ta|xi**, die Ta|xis
das **Team**, die Teams
die **Tech|nik**, die Tech|ni|ken
tech|nisch
die **Tech|no|lo|gie**,
die Tech|no|lo|gi|en
tech|no|lo|gisch
der **Ted|dy**, die Ted|dys
der **Tee**, die Tees
der **Teen|ager**, die Teen|ager
der **Teer** ❽
der **Teich**, die Tei|che
der **Teig**, die Tei|ge
das **Teil** (z.B. Stück), die Tei|le
der **Teil** (z.B. Anteil), die Tei|le
teil|bar
tei|len, du teilst
die **Teil|nah|me**,
die Teil|nah|men
teil|neh|men, du nimmst teil,
er nahm teil

teils
teil|wei|se
das **Te|le|fon**, die Te|le|fo|ne ❶
te|le|fo|nie|ren,
du telefonierst
der **Tel|ler**, die Tel|ler ❷
der **Tem|pel**, die Tem|pel
das **Tem|pe|ra|ment**,
die Tem|pe|ra|men|te
die **Tem|pe|ra|tur**,
die Tem|pe|ra|tu|ren
das **Tem|po**,
die Tem|pos – Tem|pi
das **Ten|nis** ❺
der **Tep|pich**, die Tep|pi|che
der **Ter|min**, die Ter|mi|ne
die **Ter|ras|se**, die Ter|ras|sen
der **Ter|ro|ris|mus**
der **Ter|ro|rist**, die Ter|ro|ris|ten
die **Ter|ro|ris|tin**,
die Ter|ro|ris|tin|nen
der **Test**, die Tests – Tes|te
das **Tes|ta|ment**,
die Tes|ta|men|te
tes|ten, du testest
teu|er
der **Teu|fel**, die Teu|fel
die **Teu|fe|lin**, die Teu|fe|lin|nen
der **Text**, die Tex|te

A B C D E F G H I J K L M N O P Q R S **T** U V W X Y Z

das **The|a|ter**, die The|a|ter ❼
die **The|ke**, die The|ken
das **The|ma**, die The|men
   the|o|re|tisch
die **The|o|rie**, die The|o|ri|en
die **The|ra|pie**, die The|ra|pi|en
das **Ther|mo|me|ter**,
   die Ther|mo|me|ter
die **Ther|mos|fla|sche**,
   die Ther|mos|fla|schen
der **Thron**, die Thro|ne
   Thü|rin|gen
   ti|cken, es tickt
das **Ti|cket**, die Ti|ckets ❻
   tief
die **Tie|fe**, die Tie|fen
das **Tier**, die Tie|re
der **Ti|ger**, die Ti|ger ❽
die **Tin|te**, die Tin|ten
der **Tipp**, die Tipps
   tip|pen, du tippst
   tipp|topp
der **Tisch**, die Ti|sche ❶
die **Tisch|le|rei**,
   die Tisch|le|rei|en
der **Ti|tel**, die Ti|tel
der **Toast**, die Toasts – Toas|te
   to|ben, du tobst
die **Toch|ter**, die Töch|ter

der **Tod**, die To|de
   töd|lich
   tod|si|cher
der **To|fu**
das **To|hu|wa|bo|hu**,
   die To|hu|wa|bo|hus
die **Toi|let|te**, die Toi|let|ten
   to|le|rant
die **To|le|ranz**
   toll ❷
   tol|len, du tollst ❺
der **Toll|patsch**,
   die Toll|pat|sche
die **Toll|wut**
die **To|ma|te**, die To|ma|ten
die **Tom|bo|la**, die Tom|bo|las
der **Ton**, die Tö|ne
   tö|nen, es tönt
die **Ton|ne** (z.B. 12 t),
   die Ton|nen
das **Top**, die Tops
der **Topf**, die Töp|fe ❼
   top|fit
das **Tor**, die To|re
   tö|richt
   tor|keln, du torkelst
der **Tor|nis|ter**, die Tor|nis|ter
die **Tor|te**, die Tor|ten
die **Tor|tel|li|ni**

der **Tor|wart**, die Tor|war|te

die **Tor|war|tin**,
die Tor|war|tin|nen

tot ❻

to|tal

der **To|te**, die To|ten

die **To|te**, die To|ten

tö|ten, du tötest

sich **tot|la|chen**,
du lachst dich tot

der **Touch|screen**,
die Touch|screens

die **Tour**, die Tou|ren

der **Tou|rist**, die Tou|ris|ten

die **Tou|ris|tin**,
die Tou|ris|tin|nen

tra|ben, du trabst

die **Tracht**, die Trach|ten

er **traf** ◁ treffen

die **Tra|di|ti|on**,
die Tra|di|ti|o|nen

tra|di|ti|o|nell

trä|ge ❹

tra|gen, du trägst, sie trug

du **trägst** ◁ tragen

trai|nie|ren, du trainierst

das **Trai|ning**, die Trai|nings

der **Trak|tor**, die Trak|to|ren

tram|peln, du trampelst

das **Tram|po|lin**,
die Tram|po|lins –
Tram|po|li|ne

die **Trä|ne**, die Trä|nen

sie **trank** ◁ trinken

der **Trans|port**, die Trans|por|te

trans|por|tie|ren,
du transportierst

das **Tra|pez**, die Tra|pe|ze

er **trat** ◁ treten ❻

die **Trau|be**, die Trau|ben

sich **trau|en**, du traust dich

die **Trau|er**

trau|ern, du trauerst

der **Traum**, die Träu|me

träu|men, du träumst

trau|rig

die **Trau|ung**, die Trau|un|gen

der **Tre|cker**, die Tre|cker

tref|fen, du triffst, er traf

trei|ben, du treibst, sie trieb

der **Trend**, die Trends

tren|nen, du trennst

die **Trep|pe**, die Trep|pen

der **Tre|sor**, die Tre|so|re

tre|ten, du trittst, er trat

treu ❷

die **Tri|an|gel**, die Tri|an|geln

die **Tri|bü|ne**, die Tri|bü|nen

der **Trich|ter**, die Trich|ter

der **Trick**, die Tricks

sie **trieb** ◁ treiben

du **triffst** ◁ treffen

das **Tri|kot**, die Tri|kots ❼

trin|ken, du trinkst, sie trank

trip|peln, du trippelst

der **Tritt**, die Trit|te ❺

du **trittst** ◁ treten

der **Tri|umph**, die Tri|um|phe

tri|um|phie|ren, du triumphierst

tro|cken

trock|nen, es trocknet

trö|deln, du trödelst

die **Trom|mel**, die Trom|meln ❺

die **Trom|pe|te**, die Trom|pe|ten ❶

die **Tro|pen**

tröp|feln, es tröpfelt

der **Trop|fen**, die Trop|fen

trop|fen, es tropft

der **Trost**

trös|ten, du tröstest

der **Trotz** ❼

trotz|dem

trot|zig

trüb ❻

der **Tru|bel**

sie **trug** ◁ tragen

die **Tru|he**, die Tru|hen

die **Trüm|mer**

die **Trup|pe**, die Trup|pen

der **Trut|hahn**, die Trut|häh|ne

Tsche|chi|en

tschüs – tschüss

das **T-Shirt**, die T-Shirts

der **Tsu|na|mi**, die Tsu|na|mis

die **Tu|be**, die Tu|ben

das **Tuch**, die Tü|cher

tüch|tig

tü|ckisch

tüf|teln, du tüftelst

die **Tul|pe**, die Tul|pen

sich **tum|meln**, du tummelst dich

der **Tu|mor**, die Tu|mo|re

der **Tüm|pel**, die Tüm|pel

der **Tu|mult**, die Tu|mul|te

tun, du tust, er tat

der **Tun|nel**, die Tun|nel – Tun|nels ❷

tup|fen, du tupfst

die **Tür**, die Tü|ren

die **Tur|bi|ne**, die Tur|bi|nen

die **Tür|kei**

tür|kis

der **Turm**, die Tür|me

tur|nen, du turnst

das **Tur**|**nier**, die Tur|nie|re
die **Tu**|sche, die Tu|schen
    tu|**scheln**,
    du tuschelst
die **Tü**|te, die Tü|ten

    tu|**ten**, es tutet
der **TÜV**
das **TV**
der **Typ**, die Ty|pen ❽
    ty|**pisch**

die **U-Bahn**, die U-Bah|nen
    übel
die **Übel**|**keit**
    üben, du übst
    über
    über|**all**
    über|**flüs**|**sig**
    über|**haupt**
    über|**le**|**gen**, du überlegst
    über|**mor**|**gen**
der **Über**|**mut**
    über|**mü**|**tig**
    über|**que**|**ren**, du überquerst
die **Über**|**ra**|**schung**,
    die Über|ra|schun|gen
die **Über**|**schwem**|**mung**,
    die Über|schwem|mun|gen

    über|**set**|**zen**,
    du übersetzt ❸
    über|**sicht**|**lich**
    üb|**lich**
das **U-Boot**, die U-Boo|te
    üb|**rig**
    üb|**ri**|**gens**
die **Übung**, die Übun|gen
das **Ufer**, die Ufer
das **Ufo**, die Ufos
die **Uhr**, die Uh|ren
der **Uhu**, die Uhus
    ul|**kig**
die **Ul**|me, die Ul|men
der **Ul**|**tra**|**schall**
    um
    um|**ge**|**kehrt**

um|her
um|keh|ren, du kehrst um
der **Um**|**laut**, die Um|lau|te
der **Um**|**riss**, die Um|ris|se
der **Um**|**schlag**,
    die Um|schlä|ge
um|**sonst** ❸
um|**ständ**|**lich**
der **Um**|**weg**, die Um|we|ge
der **Um**|**welt**|**schutz**
die **Um**|**welt**|**ver**|**schmut**|**zung**
um|**zie**|**hen**, du ziehst um,
    sie zog um
der **Um**|**zug**, die Um|zü|ge
un|**be**|**dingt**
un|**be**|**quem**
und
un|**end**|**lich**
un|**ent**|**schie**|**den**
un|**fair**
der **Un**|**fall**, die Un|fäl|le
Un|**garn**
un|**ge**|**fähr**
das **Un**|**ge**|**heu**|**er**,
    die Un|ge|heu|er
un|**ge**|**nü**|**gend**
das **Un**|**ge**|**zie**|**fer**
un|**glaub**|**lich**
das **Un**|**glück**, die Un|glü|cke

un|**heim**|**lich**
die **Uni**|**form**, die Uni|for|men
un|**in**|**te**|**res**|**sant**
die **Uni**|**ver**|**si**|**tät**,
    die Uni|ver|si|tä|ten
das **Un**|**recht**
un|**re**|**gel**|**mä**|**ßig**
die **Un**|**ru**|**he**, die Un|ru|hen
un|**ru**|**hig** ❻
uns
un|**ser**
un|**se**|**re**
un|**se**|**res**
die **Un**|**schuld**
un|**schul**|**dig**
un|**si**|**cher**
un|**sicht**|**bar**
der **Un**|**sinn**
un|**sin**|**nig**
un|**ten**
un|**ter**
die **Un**|**ter**|**bre**|**chung**,
    die Un|ter|bre|chun|gen ❸
un|**ter**|**ei**|**nan**|**der**
die **Un**|**ter**|**füh**|**rung**,
    die Un|ter|füh|run|gen
sich **un**|**ter**|**hal**|**ten**,
    du unterhältst dich,
    sie unterhielt sich

du **un|ter|hältst** dich ◁ sich
    unterhalten
sie **un|ter|hielt** sich ◁ sich
    unterhalten
der **Un|ter|richt**
    un|ter|rich|ten,
    sie unterrichtet
    un|ter|schei|den,
    du unterscheidest,
    er unterschied
  er **un|ter|schied**
    ◁ unterscheiden
der **Un|ter|schied**,
    die Un|ter|schie|de
    un|ter|schrei|ben,
    du unterschreibst,
    er unterschrieb
  er **un|ter|schrieb**
    ◁ unterschreiben
die **Un|ter|schrift**,
    die Un|ter|schrif|ten
    un|ter|strei|chen,
    du unterstreichst,
    sie unterstrich
sie **un|ter|strich**
    ◁ unterstreichen
    un|ter|stüt|zen,
    du unterstützt

die **Un|ter|stüt|zung**,
    die Un|ter|stüt|zun|gen
die **Un|ter|su|chung**,
    die Un|ter|su|chun|gen
    un|ter|su|chen,
    du untersuchst ❷
    un|ter|wegs
    un|ver|schämt
das **Un|wet|ter**, die Un|wet|ter
    un|zäh|lig
    ur|alt
der **Ura|nus**
die **Ur|groß|el|tern** ❸
die **Ur|groß|mut|ter**,
    die Ur|groß|müt|ter
der **Ur|groß|va|ter**,
    die Ur|groß|vä|ter
der **Urin**
die **Ur|kun|de**, die Ur|kun|den
der **Ur|laub**, die Ur|lau|be
die **Ur|sa|che**, die Ur|sa|chen
    ur|sprüng|lich
    ur|tei|len, du urteilst
der **Ur|wald**, die Ur|wäl|der
die **USA**
der **USB-Stick**, die USB-Sticks
    usw. (und so weiter)
die **UV-Strah|len**

V (Volt)
va|ge
die **Va|gi|na**, die Va|gi|nen
der **Vam|pir**, die Vam|pi|re
die **Va|nil|le** ❼
die **Va|ri|an|te**, die Va|ri|an|ten
die **Va|se**, die Va|sen ❽
der **Va|ter**, die Vä|ter ❷
ve|ge|ta|risch
das **Veil|chen**, die Veil|chen ❼
das **Ven|til**, die Ven|ti|le
der **Ven|ti|la|tor**,
  die Ven|ti|la|to|ren
die **Ve|nus**
sich **ver|ab|re|den**,
  du verabredest dich
sich **ver|ab|schie|den**,
  du verabschiedest dich
  ver|ach|ten, du verachtest
  ver|än|dern, du veränderst
die **Ve|ran|da**, die Ve|ran|den
  ver|an|stal|ten,
  du veranstaltest

ver|ant|wort|lich
die **Ver|ant|wor|tung**
das **Verb**, die Ver|ben ❽
der **Ver|band**, die Ver|bän|de
  er **ver|band** ◁ verbinden
  er **ver|barg** ◁ verbergen
  ver|ber|gen, du verbirgst,
  er verbarg
  ver|bes|sern, du verbesserst
die **Ver|bes|se|rung**,
  die Ver|bes|se|run|gen
  ver|bie|ten, du verbietest,
  sie verbot
  ver|bin|den, du verbindest,
  er verband ❸
du **ver|birgst** ◁ verbergen
das **Ver|bot**, die Ver|bo|te ❻
sie **ver|bot** ◁ verbieten
  er **ver|brann|te** ◁ verbrennen
das **Ver|bre|chen**,
  die Ver|bre|chen
  ver|bren|nen, du verbrennst,
  er verbrannte
die **Ver|bren|nung**,
  die Ver|bren|nun|gen
der **Ver|dacht**, die Ver|dach|te –
  Ver|däch|te
  ver|däch|ti|gen,
  du verdächtigst

ver|dammt
ver|dan|ken,
du verdankst ❷
es ver|darb ◁ verderben
ver|dau|en, du verdaust
die Ver|dau|ung
ver|der|ben, es verdirbt,
es verdarb
ver|die|nen, du verdienst
der Ver|dienst, die Ver|diens|te
es ver|dirbt ◁ verderben
ver|duns|ten, es verdunstet
ver|dutzt
ver|eh|ren, du verehrst
der Ver|ein, die Ver|ei|ne
ver|ein|ba|ren,
du vereinbarst
ver|fas|sen, du verfasst
die Ver|fas|sung,
die Ver|fas|sun|gen ❼
ver|fau|len, es verfault
ver|flixt ❻
ver|fol|gen, du verfolgst
er ver|gab ◁ vergeben
die Ver|gan|gen|heit ❼
sie ver|gaß ◁ vergessen
ver|ge|ben, du vergibst,
er vergab ❷
ver|geb|lich

ver|ges|sen, du vergisst,
sie vergaß
ver|gess|lich
du ver|gibst ◁ vergeben
du ver|gisst ◁ vergessen
ver|glei|chen,
du vergleichst, sie verglich
sie ver|glich ◁ vergleichen
das Ver|gnü|gen,
die Ver|gnü|gen
sich ver|gnü|gen,
du vergnügst dich
ver|haf|ten, er verhaftet
sich ver|hal|ten, du verhältst
dich, er verhielt sich
du ver|hältst dich ◁ sich
verhalten
ver|heim|li|chen,
du verheimlichst
ver|hei|ra|tet
ver|hext
er ver|hielt sich ◁ sich
verhalten
ver|hin|dern, du verhinderst
sich ver|ir|ren, du verirrst dich
ver|kau|fen, du verkaufst ❹
der Ver|käu|fer, die Ver|käu|fer
die Ver|käu|fe|rin,
die Ver|käu|fe|rin|nen

der **Ver**|**kehr**
    ver|**kehrt**
sich **ver**|**klei**|**den**,
    du verkleidest dich ❸
    ver|**lan**|**gen**, du verlangst
    ver|**län**|**gern**, du verlängerst
    ver|**las**|**sen**, du verlässt,
    er verließ ❽
  du **ver**|**lässt** ◁ verlassen
sich **ver**|**lau**|**fen**, du verläufst
    dich, er verlief sich
  du **ver**|**läufst** dich ◁ sich
    verlaufen
    ver|**lei**|**hen**, du verleihst,
    sie verlieh
    ver|**let**|**zen**, du verletzt
die **Ver**|**let**|**zung**,
    die Ver|let|zun|gen
sich **ver**|**lie**|**ben**,
    du verliebst dich ❸
    ver|**liebt**
  er **ver**|**lief** sich ◁ sich verlaufen
sie **ver**|**lieh** ◁ verleihen
    ver|**lie**|**ren**, du verlierst,
    sie verlor
  er **ver**|**ließ** ◁ verlassen
sich **ver**|**lo**|**ben**,
    du verlobst dich
sie **ver**|**lor** ◁ verlieren

die **Ver**|**lo**|**sung**,
    die Ver|lo|sun|gen
der **Ver**|**lust**, die Ver|lus|te
sich **ver**|**meh**|**ren**,
    sie vermehren sich
    ver|**mei**|**den**, du vermeidest,
    sie vermied
sie **ver**|**mied** ◁ vermeiden
    ver|**mie**|**ten**, du vermietest
    ver|**mis**|**sen**, du vermisst
das **Ver**|**mö**|**gen**, die Ver|mö|gen
    ver|**mu**|**ten**, du vermutest
    ver|**mut**|**lich**
    ver|**nich**|**ten**, du vernichtest
die **Ver**|**nunft**
    ver|**nünf**|**tig**
    ver|**pa**|**cken**, du verpackst
    ver|**pas**|**sen**, du verpasst
die **Ver**|**pfle**|**gung** ❼
    ver|**plem**|**pern**,
    du verplemperst
der **Ver**|**rat** ❻
    ver|**ra**|**ten**, du verrätst,
    er verriet
  du **ver**|**rätst** ◁ verraten
    ver|**rei**|**sen**, du verreist
  er **ver**|**riet** ◁ verraten
    ver|**rückt**
der **Vers**, die Ver|se ❷

er **ver|sank** ◁ versinken

ver|säu|men, du versäumst

ver|scheu|chen,
du verscheuchst

ver|schie|den

ver|schla|fen,
du verschläfst,
er verschlief ❹

du **ver|schläfst** ◁ verschlafen

sich **ver|schlech|tern**,
du verschlechterst dich

er **ver|schlief** ◁ verschlafen

ver|schlie|ßen,
du verschließt, er verschloss

er **ver|schloss** ◁ verschließen

der **Ver|schluss**,
die Ver|schlüs|se

ver|schmitzt

die **Ver|schmut|zung**,
die Ver|schmut|zun|gen ❼

ver|schmut|zen,
du verschmutzt

sie **ver|schwand**
◁ verschwinden

ver|schwen|den,
du verschwendest

ver|schwin|den,
du verschwindest,
sie verschwand

ver|schwom|men

sich **ver|schwö|ren**,
ihr verschwört euch

das **Ver|se|hen**,
die Ver|se|hen ❽

ver|se|hent|lich

ver|sen|gen, du versengst

ver|sen|ken, du versenkst

ver|set|zen, du versetzt

die **Ver|si|che|rung**,
die Ver|si|che|run|gen

ver|sin|ken, du versinkst,
er versank

sich **ver|söh|nen**,
du versöhnst dich

die **Ver|spä|tung**,
die Ver|spä|tun|gen

das **Ver|spre|chen**,
die Ver|spre|chen

der **Ver|stand** ❻

sie **ver|stand** ◁ verstehen

ver|ständ|lich

ver|stau|chen,
du verstauchst

ver|ste|cken, du versteckst

ver|ste|hen, du verstehst,
sie verstand

der **Ver|such**, die Ver|su|che

ver|su|chen, du versuchst

A B C D E F G H I J K L M N O P Q R S T U **V** W X Y Z

ver|tei|di|gen, du verteidigst
ver|tei|len, du verteilst
der Ver|trag, die Ver|trä|ge
sich ver|tra|gen, du verträgst
dich, er vertrug sich
du ver|trägst dich ◁ sich
vertragen
das Ver|trau|en
ver|trau|en, du vertraust
ver|trau|lich
der Ver|tre|ter, die Ver|tre|ter
die Ver|tre|te|rin,
die Ver|tre|te|rin|nen
er ver|trug sich ◁ vertragen
ver|un|glü|cken,
du verunglückst ❸
ver|ur|tei|len, du verurteilst
sich ver|wan|deln,
du verwandelst dich
ver|wandt
er ver|wand|te ◁ verwenden
der Ver|wand|te,
die Ver|wand|ten
die Ver|wand|te,
die Ver|wand|ten
ver|wech|seln,
du verwechselst
der Ver|weis, die Ver|wei|se
ver|wel|ken, es verwelkt

ver|wen|den, du verwendest,
er verwandte – verwendete
ver|wirrt
ver|wit|tern, es verwittert
ver|wöh|nen, du verwöhnst
ver|wun|dert
ver|wun|det
die Ver|wun|dung,
die Ver|wun|dun|gen
ver|zeh|ren, du verzehrst
das Ver|zeich|nis,
die Ver|zeich|nis|se
ver|zei|hen, du verzeihst,
er verzieh
ver|zich|ten, du verzichtest
er ver|zieh ◁ verzeihen
ver|zie|ren, du verzierst
ver|zwei|feln,
du verzweifelst
der Vet|ter, die Vet|tern
das Vi|deo, die Vi|de|os
die Vi|deo|thek,
die Vi|deo|the|ken ❽
das Vieh ❼
viel, mehr, am meisten
die Viel|falt
viel|fäl|tig
viel|leicht
viel|mehr

vier ❷
vier|mal
das **Vier|eck**, die Vier|ecke
das **Vier|tel**, die Vier|tel
vier|zig
die **Vil|la**, die Vil|len ❺
vi|o|lett
die **Vi|o|li|ne**, die Vi|o|li|nen
das **Vi|rus** – der Vi|rus,
die Vi|ren
das **Vi|sum**, die Vi|sa – Vi|sen
das **Vi|ta|min**, die Vi|ta|mi|ne
der **Vi|ze|meis|ter**,
die Vi|ze|meis|ter
die **Vi|ze|meis|te|rin**,
die Vi|ze|meis|te|rin|nen
der **Vo|gel**, die Vö|gel
die **Vo|ka|bel**, die Vo|ka|beln
der **Vo|kal**, die Vo|ka|le
das **Volk**, die Völ|ker
Völ|ker|ball
voll ❺
Vol|ley|ball ❽
völ|lig
voll|kom|men
voll|stän|dig
voll|zäh|lig
Volt (z.B. 5 V)
vom

von
von|ei|nan|der ❷
vor
vo|ran
vo|raus
vo|raus|sicht|lich
vor|bei
vor|be|rei|ten,
du bereitest vor
das **Vor|bild**, die Vor|bil|der
vor|bild|lich
der **Vor|der|grund**
vor|ei|lig
vor|erst
die **Vor|fahrt** ❻
vor|han|den
der **Vor|hang**, die Vor|hän|ge
vor|her
vor|hin
vo|rig
vor|läu|fig
die **Vor|lie|be**, die Vor|lie|ben
der **Vor|mit|tag**,
die Vor|mit|ta|ge
vor|mit|tags
der **Vor|mund**, die Vor|mun|de –
Vor|mün|der
vorn – vor|ne
der **Vor|na|me**, die Vor|na|men

vor|nehm

der **Vor**|**ort**, die Vor|or|te

der **Vor**|**rat**, die Vor|rä|te

der **Vor**|**satz**, die Vor|sät|ze

der **Vor**|**schlag**, die Vor|schlä|ge

die **Vor**|**schrift**,
die Vor|schrif|ten

die **Vor**|**sicht**

vor|sich|tig

die **Vor**|**sil**|**be**, die Vor|sil|ben

der **Vor**|**stand**, die Vor|stän|de

sich **vor**|**stel**|**len**,
du stellst dich vor ❸

die **Vor**|**stel**|**lung**,
die Vor|stel|lun|gen ❼

der **Vor**|**teil**, die Vor|tei|le

vor|**tra**|**gen**, du trägst vor,
er trug vor ❹

vo|**rü**|**ber**

das **Vor**|**ur**|**teil**,
die Vor|ur|tei|le

die **Vor**|**wahl**, die Vor|wah|len

vor|**wärts**

der **Vor**|**wurf**, die Vor|wür|fe

vor|**zei**|**tig**

der **Vul**|**kan**, die Vul|ka|ne ❽

W (Watt)

die **Waa**|**ge**, die Waa|gen

waa|**ge**|**recht** – waag|recht

wach ❷

wa|**chen**, du wachst

das **Wachs**, die Wach|se

wach|**sam**

wach|**sen**, du wächst,
sie wuchs

du **wäschst** ◁ waschen

das **Wachs**|**tum** ❼

wa|**cke**|**lig** – wack|lig ❻

wa|**ckeln**, du wackelst

die **Wa**|**de**, die Wa|den

die **Waf**|**fe**, die Waf|fen ❺

die **Waf**|**fel**, die Waf|feln

wa|**ge**|**mu**|**tig**

der **Wa**|**gen**, die Wa|gen

wa|**gen**, du wagst
der **Wag**|**gon** – Wa|gon,
   die Wag|gons – Wa|gons
wag|**hal**|**sig**
der **Wa**|**gon** – Wag|gon,
   die Wa|gons – Wag|gons
die **Wahl**, die Wah|len
wäh|**len**, du wählst ❹
wahn|**sin**|**nig**
wahr
wäh|**rend**
die **Wahr**|**heit**, die Wahr|hei|ten
wahr|**neh**|**men**, du nimmst
   wahr, er nahm wahr ❽
wahr|**schein**|**lich**
die **Wäh**|**rung**, die Wäh|run|gen
die **Wai**|**se** (elternloses Kind),
   die Wai|sen
der **Wal**, die Wa|le ❶
der **Wald**, die Wäl|der
das **Wal**|**king**
der **Wall**, die Wäl|le
die **Wal**|**nuss**, die Wal|nüs|se
sich **wäl**|**zen**, du wälzt dich
die **Wand**, die Wän|de
der **Wan**|**del**
wan|**dern**, du wanderst ❷
  er **wand**|**te** sich ◁ sich wenden
die **Wan**|**ge**, die Wan|gen

wan|**ken**, du wankst
wann
die **Wan**|**ne**, die Wan|nen ❺
das **Wap**|**pen**, die Wap|pen
sie **war** ◁ sein
er **warb** ◁ werben
die **Wa**|**re**, die Wa|ren
sie **warf** ◁ werfen
warm, wärmer,
   am wärmsten ❹
die **Wär**|**me**
wär|**men**, du wärmst
wär|**mer**,
   am wärmsten ◁ warm
war|**nen**, du warnst
du **warst** ◁ sein
war|**ten**, du wartest
der **Wär**|**ter**, die Wär|ter
die **Wär**|**te**|**rin**,
   die Wär|te|rin|nen
wa|**rum**
die **War**|**ze**, die War|zen
was
die **Wä**|**sche**, die Wä|schen
wa|**schen**, du wäschst,
   er wusch
du **wäschst** ◁ waschen
das **Was**|**ser**,
   die Was|ser – Wäs|ser

W

wa|ten, du watest
wat|scheln, du watschelst
Watt (z.B. 30 W)
das Watt (Wattenmeer)
die Wat|te
das Wave|board,
    die Wave|boards
das Web
die Web|cam, die Web|cams
    we|ben, du webst
die Web|site, die Web|sites
der Wech|sel, die Wech|sel
das Wech|sel|geld
    wech|seln, du wechselst
    we|cken, du weckst
der We|cker, die We|cker ❼
    we|der
der Weg, die We|ge
    weg
    we|gen
    we|hen, es weht
sich weh|ren, du wehrst dich
    weh|tun – weh tun, es tut
    weh, es tat weh
    weib|lich
    weich ❷
die Wei|che, die Wei|chen
die Wei|de, die Wei|den
sich wei|gern, du weigerst dich

der Wei|her, die Wei|her
    Weih|nach|ten
    weih|nacht|lich
    weil
die Wei|le
der Wein, die Wei|ne ❶
    wei|nen, du weinst
    wei|se (klug)
    weis|ma|chen,
    du machst weis
    weiß
du weißt ◁ wissen
    weit
    weit|aus
    wei|ter
    wei|ter|hin
    weit|ge|hend
    weit|sich|tig
der Weit|sprung ❸
der Wei|zen
    wel|che
    wel|cher
    wel|ches
    welk
    wel|ken, sie welkt
die Wel|le, die Wel|len ❺
der Wel|pe, die Wel|pen
die Welt, die Wel|ten ❻
das Welt|all

der **Welt|krieg**, die Welt|krie|ge

der **Welt|meis|ter**,
die Welt|meis|ter ❸

die **Welt|meis|te|rin**,
die Welt|meis|te|rin|nen

die **Welt|meis|ter|schaft**,
die Welt|meis|ter|schaf|ten

welt|weit

wem

wen

die **Wen|de**, die Wen|den

wen|den, du wendest

sich **wen|den**, du wendest dich,
er wandte sich

wen|dig

we|nig

we|nigs|tens

wenn

wer

die **Wer|bung**, die Wer|bun|gen

wer|ben, du wirbst, er warb

wer|den, es wird, sie wurde

wer|fen, du wirfst, sie warf

die **Werft**, die Werf|ten

das **Werk**, die Wer|ke ❻

die **Werk|statt**, die Werk|stät|ten

das **Werk|zeug**, die Werk|zeu|ge

wert

der **Wert**, die Wer|te

wert|voll

das **We|sen**, die We|sen

we|sent|lich

die **We|ser**

wes|halb

die **Wes|pe**, die Wes|pen

wes|sen

die **Wes|te**, die Wes|ten

der **Wes|ten**

der **Wes|tern**, die Wes|tern

west|lich

wes|we|gen

der **Wett|be|werb**,
die Wett|be|wer|be

die **Wet|te**, die Wet|ten

wet|ten, du wettest ❺

das **Wet|ter**

der **Wett|kampf**,
die Wett|kämp|fe

wich|tig

wi|ckeln, du wickelst

wi|der (gegen)

wi|der|le|gen, du widerlegst

wi|der|lich

sie **wi|der|rief** ◁ widerrufen

wi|der|ru|fen, du widerrufst,
sie widerrief

er **wi|der|sprach**
◁ widersprechen

wi|der|spre|chen,
du widersprichst,
er widersprach ❸

der **Wi|der|spruch**,
die Wi|der|sprü|che

der **Wi|der|stand**,
die Wi|der|stän|de

der **Wi|der|wil|le** ❼

wid|men, du widmest

wie

wie|der (nochmals)

wie|der|ho|len,
du wiederholst

das **Wie|der|se|hen**,
die Wie|der|se|hen

wie|de|rum

die **Wie|ge**, die Wie|gen ❷

wie|gen, du wiegst, sie wog

wie|hern, es wiehert

die **Wie|se**, die Wie|sen ❷

das **Wie|sel**, die Wie|sel

wie|so

das **Wild**

wild

die **Wild|nis**, die Wild|nis|se

der **Wil|le** ❺

wil|lig

will|kom|men

will|kür|lich

du **willst** ◁ wollen

wim|meln, es wimmelt

wim|mern, du wimmerst

die **Wim|per**, die Wim|pern

der **Wind**, die Win|de

die **Win|del**, die Win|deln

win|dig

die **Wind|po|cken**

der **Win|kel**, die Win|kel

win|ke|lig – wink|lig

win|ken, du winkst

win|seln, du winselst

der **Win|ter**, die Win|ter

der **Win|zer**, die Win|zer

die **Win|ze|rin**,
die Win|ze|rin|nen

win|zig

der **Wip|fel**, die Wip|fel

die **Wip|pe**, die Wip|pen

wip|pen, du wippst

wir

der **Wir|bel**, die Wir|bel

wir|beln, du wirbelst

die **Wir|bel|säu|le**,
die Wir|bel|säu|len

du **wirbst** ◁ werben

es **wird** ◁ werden ❻

du **wirfst** ◁ werfen

wir|ken, du wirkst

wirk|lich
die **Wirk**|**lich**|**keit**
wirk|**sam**
die **Wir**|**kung**, die Wir|kun|gen
wirr
der **Wirr**|**warr**
der **Wirt**, die Wir|te
die **Wir**|**tin**, die Wir|tin|nen
die **Wirt**|**schaft**,
    die Wirt|schaf|ten ❼
    wirt|**schaf**|**ten**,
    du wirtschaftest
    wirt|**schaft**|**lich**
    wi|**schen**, du wischst
    wis|**pern**, du wisperst
    wis|**sen**, du weißt,
    sie wusste
die **Wis**|**sen**|**schaft**,
    die Wis|sen|schaf|ten
    wis|**sen**|**schaft**|**lich**
die **Wit**|**te**|**rung**,
    die Wit|te|run|gen
die **Wit**|**we**, die Wit|wen
der **Wit**|**wer**, die Wit|wer
der **Witz**, die Wit|ze
    wit|**zig**
das **WLAN**, die WLANs
    wo
    wo|**an**|**ders**

    wo|**bei**
die **Wo**|**che**, die Wo|chen
das **Wo**|**chen**|**en**|**de**,
    die Wo|chen|en|den
    wo|**chen**|**lang**
    wö|**chent**|**lich**
    wo|**durch**
    wo|**für**
sie **wog** ◁ wiegen
die **Wo**|**ge**, die Wo|gen
    wo|**her**
    wo|**hin**
    wohl
    wohl|**ha**|**bend**
    woh|**nen**, du wohnst
    wohn|**lich** ❸
die **Woh**|**nung**,
    die Woh|nun|gen ❼
    woh|**nungs**|**los**
der **Wolf**, die Wöl|fe
die **Wol**|**ke**, die Wol|ken
    wol|**kig** ❷
die **Wol**|**le** ❺
    wol|**len**, du willst
    wo|**mit**
    wo|**mög**|**lich**
    wo|**nach**
die **Won**|**ne**, die Won|nen
    wo|**ran**

wo|rauf

das **World Wide Web** (WWW)

das **Wort**, die Wör|ter – Wor|te

    wört|lich

    wo|rü|ber

    wo|von

    wo|zu

das **Wrack**, die Wracks

der **Wrap**, die Wraps

sie **wuchs** ◁ wachsen

die **Wucht** ❻

    wuch|tig

    wüh|len, du wühlst

    wund

die **Wun|de**, die Wun|den

das **Wun|der**, die Wun|der

    wun|der|bar

sich **wun|dern**, du wunderst dich

    wun|der|schön

der **Wunsch**, die Wün|sche

    wün|schen, du wünschst

sie **wur|de** ◁ werden

der **Wurf**, die Wür|fe ❷

der **Wür|fel**, die Wür|fel

    wür|feln, du würfelst

    wür|gen, du würgst

der **Wurm**, die Wür|mer ❼

die **Wurst**, die Würs|te

die **Wur|zel**, die Wur|zeln

    wür|zen, du würzt

    wür|zig ❻

er **wusch** ◁ waschen

sie **wuss|te** ◁ wissen

    wüst

die **Wüs|te**, die Wüs|ten

die **Wut**

    wü|tend

    WWW (World Wide Web)

die **X-Bei|ne**

x-mal

das **Xy|lo|fon** – Xy|lo|phon,

    die Xy|lo|fo|ne –

    Xy|lo|pho|ne ❽

Y

die **Yacht** – Jacht,
    die Yach|ten – Jach|ten
das **Yak**, die Yaks

das **Yo|ga**
das **Yp|si|lon**,
    die Yp|si|lons

Z

die **Za|cke** – der Za|cken,
    die Za|cken
    zag|haft
    zäh ❷
die **Zahl**, die Zah|len
    zah|len, du zahlst
    zäh|len, du zählst ❹
der **Zäh|ler**, die Zäh|ler
    zahl|reich
das **Zahl|wort**, die Zahl|wör|ter
    zahm
    zäh|men, du zähmst
der **Zahn**, die Zäh|ne
die **Zahn|pas|ta**

die **Zan|ge**, die Zan|gen
sich **zan|ken**, du zankst dich
das **Zäpf|chen**, die Zäpf|chen
der **Zap|fen**, die Zap|fen
    zap|pe|lig – zapp|lig
    zap|peln, du zappelst ❺
    zap|pen, du zappst
    zart
    zärt|lich ❸
die **Zärt|lich|keit**,
    die Zärt|lich|kei|ten
    zau|bern, du zauberst
der **Zaun**, die Zäu|ne ❶
    z.B. (zum Beispiel)

das **Ze|bra**, die Ze|bras ❼
der **Ze|bra|strei|fen**,
    die Ze|bra|strei|fen
die **Ze|cke**, die Ze|cken
die **Ze|he** – der Zeh, die Ze|hen
    zehn
    zehn|mal
das **Zei|chen**, die Zei|chen
    zeich|nen, du zeichnest
die **Zeich|nung**,
    die Zeich|nun|gen
    zei|gen, du zeigst
der **Zei|ger**, die Zei|ger
die **Zei|le**, die Zei|len
die **Zeit**, die Zei|ten
    zei|tig
    zeit|lich ❸
die **Zeit|schrift**,
    die Zeit|schrif|ten
die **Zei|tung**, die Zei|tun|gen
    zeit|wei|se
die **Zel|le**, die Zel|len
das **Zelt**, die Zel|te
    zel|ten, du zeltest
der **Ze|ment**
    zen|sie|ren, er zensiert
die **Zen|sur**, die Zen|su|ren
der **Zen|ti|me|ter** (z.B. 30 cm),
    die Zen|ti|me|ter

der **Zent|ner**, die Zent|ner
    zen|tral
die **Zen|tra|le**, die Zen|tra|len
das **Zen|trum**, die Zen|tren
der **Zep|pe|lin**, die Zep|pe|li|ne
  er **zer|brach** ◁ zerbrechen
    zer|bre|chen, du zerbrichst,
    er zerbrach
  du **zer|brichst** ◁ zerbrechen
    zer|drü|cken, du zerdrückst
    zer|klei|nern, du zerkleinerst
    zer|knirscht
    zer|knül|len, du zerknüllst
    zer|rei|ßen, du zerreißt,
    sie zerriss
    zer|ren, du zerrst
  sie **zer|riss** ◁ zerreißen ❺
die **Zer|rung**, die Zer|run|gen
    zer|stö|ren, du zerstörst
    zer|streut
der **Zet|tel**, die Zet|tel
das **Zeug** ❻
der **Zeu|ge**, die Zeu|gen
die **Zeu|gin**, die Zeu|gin|nen
das **Zeug|nis**, die Zeug|nis|se
    zick|zack
die **Zie|ge**, die Zie|gen ❼
der **Zie|gel**, die Zie|gel
    zie|hen, du ziehst, er zog

das **Ziel**, die Zie|le ❷
    zie|len, du zielst
    ziem|lich
sich **zie|ren**, du zierst dich
    zier|lich
die **Zif|fer**, die Ziffern
die **Zi|ga|ret|te**, die Zi|ga|ret|ten
die **Zi|gar|re**, die Zi|gar|ren
das **Zim|mer**, die Zim|mer
    zim|per|lich
der **Zimt**
das **Zinn**
der **Zins**, die Zin|sen
der **Zip|fel**, die Zip|fel
    zir|ka – circa (ca.)
der **Zir|kel**, die Zir|kel
der **Zir|kus** – Cir|cus,
    die Zir|kus|se – Cir|cus|se
    zir|pen, es zirpt
    zi|schen, du zischst
das **Zi|tat**, die Zi|ta|te
die **Zi|ther**, die Zi|thern
    zi|tie|ren, du zitierst
die **Zi|tro|ne**, die Zi|tro|nen ❷
    zit|te|rig – zitt|rig
    zit|tern, du zitterst
die **Zit|ze**, die Zit|zen
der **Zoff** ❺
sich **zof|fen**, du zoffst dich

er **zog** ◁ ziehen
    zö|gern, du zögerst
der **Zoll**, die Zöl|le
die **Zo|ne**, die Zo|nen
der **Zoo**, die Zoos ❽
der **Zopf**, die Zöp|fe
der **Zorn**
    zor|nig
    zu
    zu|al|ler|erst
    zu|al|ler|letzt
das **Zu|be|hör**, die Zu|be|hö|re
    zu|be|rei|ten,
    du bereitest zu
die **Zucht**, die Zuch|ten
    züch|ten, du züchtest
    zu|cken, du zuckst
der **Zu|cker** ❼
das **Zu|cker|fest**
    zu|dem
    zu|ei|nan|der
    zu|erst
der **Zu|fall**, die Zu|fäl|le
    zu|fäl|lig
    zu|frie|den
die **Zu|frie|den|heit** ❸
der **Zug**, die Zü|ge ❻
der **Zu|gang**, die Zu|gän|ge
    zu|gäng|lich

A B C D E F G H I J K L M N O P Q R S T U V W X Y Z

zu|ge|ben, du gibst zu,
er gab zu

der **Zü|gel**, die Zü|gel

zü|gig

zu|gleich

der **Zu|griff**, die Zu|grif|fe

zu|grun|de – zu Grun|de

zu|guns|ten – zu Guns|ten

zu|hau|se – zu Hau|se

das **Zu|hau|se**

zu|hö|ren, du hörst zu

die **Zu|kunft**

zu|künf|tig ❷

zu|las|sen, du lässt zu,
sie ließ zu

zu|läs|sig

zu|letzt

zu|lie|be

zum

zu|mal

zu|meist

zu|min|dest

zu|mu|ten, du mutest zu

zu|nächst

zün|deln, du zündelst

zün|den, du zündest

zün|dend ❻

zünf|tig

die **Zun|ge**, die Zun|gen ❼

zup|fen, du zupfst

zur

sich **zu|recht|fin|den**,
du findest dich zurecht,
er fand sich zurecht

zu|rück

zu|rück|ge|ben,
du gibst zurück,
sie gab zurück

zu|rück|hal|tend

zu|rück|kom|men,
du kommst zurück,
er kam zurück

zu|rück|zah|len,
du zahlst zurück

zur|zeit

zu|sam|men

zu|sam|men|ar|bei|ten,
ihr arbeitet zusammen

zu|sam|men|fas|sen,
du fasst zusammen

zu|sam|men|ge|setzt

der **Zu|sam|men|hang**,
die Zu|sam|men|hän|ge

zu|sätz|lich

der **Zu|schau|er**,
die Zu|schau|er

die **Zu|schau|e|rin**,
die Zu|schau|e|rin|nen

zu|se|hen, du siehst zu,
sie sah zu

der Zu|stand, die Zu|stän|de

zu|stän|dig

zu|stim|men,
du stimmst zu

die Zu|tat, die Zu|ta|ten

sich zu|trau|en, du traust dir zu

zu|trau|lich

zu|ver|läs|sig

zu|wi|der

der Zwang, die Zwän|ge

er zwang ◁ zwingen

sich zwän|gen, du zwängst dich

zwangs|läu|fig

zwan|zig ❻

zwar

der Zweck, die Zwe|cke

zweck|los

zwei

zwei|ei|ig

der Zwei|fel, die Zwei|fel

zwei|fel|haft

zwei|fel|los ❸

zwei|feln, du zweifelst

der Zweig, die Zwei|ge

zwei|mal

der Zwerg, die Zwer|ge

die Zwetsch|ge – Zwet|sche,
die Zwetsch|gen –
Zwet|schen

zwi|cken, du zwickst

der Zwie|back,
die Zwie|ba|cke –
Zwie|bä|cke ❷

die Zwie|bel, die Zwie|beln ❼

der Zwie|laut, die Zwie|lau|te

der Zwil|ling, die Zwil|lin|ge

zwin|gen, du zwingst,
er zwang

der Zwin|ger, die Zwin|ger

zwin|kern, du zwinkerst

zwi|schen

zwi|schen|durch

zwit|schern, er zwitschert

zwölf

zwölf|mal

der Zy|lin|der,
die Zy|lin|der ❽

Zy|pern

Tipps zum richtigen Schreiben

Tipp **1** **Wobei mir deutliches Sprechen und genaues Hinhören helfen können**

Seite 206

Tipp **2** **Wie ich Silben nutzen kann**

Seite 208

Tipp **3** **Wie ich Wortbausteine nutzen kann**

Seite 212

Tipp **4** **Wobei mir Wortfamilien helfen**

Seite 214

Tipp **5** **Wie ich entscheide, ob ich einen Doppelkonsonanten schreibe**

Seite 216

1 Wobei mir deutliches Sprechen und genaues Hinhören helfen können

Bei vielen Wörtern hilft mir genaues Hinhören und deutliches Sprechen.

Es gibt Wörter, in denen ein Laut sich aus mehreren Buchstaben zusammensetzt.

Probiere den Tipp ① selbst aus.

1. Male für jeden Laut, den du bei deutlichem Sprechen hörst, einen Punkt.
Mache es so:

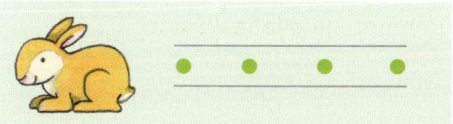

2. Zerlege die Wörter in ihre einzelnen Laute. Schreibe es so auf:

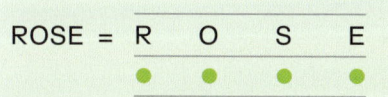　　Tomate • Zopf • Banane • Tisch •
Blume • Dach • Flasche • Baum

3. Wie viele Laute hörst du? Male für jeden Laut einen Punkt und schreibe die
Buchstaben darüber.

4. Suche fünf Wörter im Findefix, die mit ① gekennzeichnet sind. Schreibe die
Wörter auf. Sprich sie einem anderen Kind deutlich vor. Wie viele Laute hört
das Kind?

2 Wie ich Silben nutzen kann

> Ich kann Silben klatschen, mit den Armen schwingen, gehen, schnipsen, …

> Zwischen den Silben kannst du ein Wort trennen.

Ba na ne

> In jeder Silbe steckt ein Vokal, Umlaut oder Zwielaut. Das ist immer so.

Ba	na	ne		Frosch
sie	ben		Gur	ke

Silben, die mit einem **Vokal, Umlaut** oder **Zwielaut** enden:

Tü	te	Au	to
Wie	ge	Kä	se
Brei	te	Bie	ne

offene Silben
In offenen Silben spricht man den Vokal lang.

Silben, die mit einem **Konsonanten** enden:

Win	ter	Fro**sch**
käm	men	Gar	ten
Kof	fer	Zug

geschlossene Silben
In geschlossenen Silben spricht man den Vokal kurz.

Probiere den Tipp **2** selbst aus.

1. Silben kannst du klatschen, mit den Armen schwingen, gehen, mit den Fingern zählen, schnipsen, …
Probiere mit den folgenden Wörtern, was bei dir am besten klappt:

Fledermaus • Palme • Fisch • Indianer • Ritter • Gabelstapler

2. • Suche dir zehn lange Wörter aus dem Findefix aus.

• Schreibe sie auf Wortkarten.

• Sprich die Wörter in Silben und zeichne dabei Silbenbögen darunter.

• Zerschneide die Wörter in Silben und markiere dann die Vokale, Umlaute oder Zwielaute.

• Ordne die Silben in offene und geschlossene Silben.

3. Suche dir eine Partnerin oder einen Partner. Mischt die Wortteile aus Aufgabe 2. Fertig ist das Silbenpuzzle.

4. Welche Vokale, Umlaute oder Zwielaute fehlen? Schreibe die Wörter auf.

das T▭l▭f▭n der S▭pp▭nt▭ll▭r der K▭f▭r

die Pr▭nz▭ss▭n der F▭ßb▭ll der Sch▭k▭k▭ch▭n

die S▭ß▭gk▭▭t▭n der H▭f▭sch das P▭▭s▭nbr▭t

5. Ordne die Wortbilder jeweils dem passenden Wort zu.

1. ●● ●● ●● ●● ●●   2. ●● ●●● ●● ●● ●●

3. ●●●● ●● ●●●   4. ●●● ●●● ●●●

a. Fernseher • b. Kinokarte • c. Puppenhaus • d. Osterhase

6. Erfinde eigene Wortbild-Rätsel.

7. Schreibe die Silben auf Kärtchen. Setze sie dann zu Wörtern zusammen.
Markiere die Doppelkonsonanten farbig.

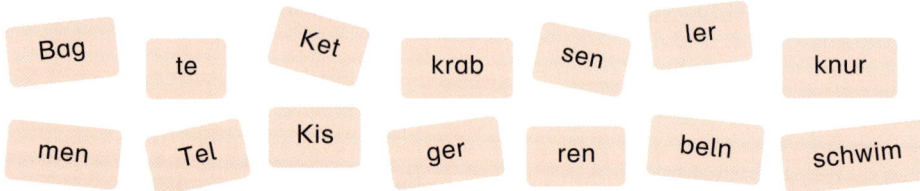

Bag · te · Ket · krab · sen · ler · knur

men · Tel · Kis · ger · ren · beln · schwim

8. Welcher Doppelkonsonant fehlt? Schreibe die Wörter auf und zeichne die
Silbenbögen ein.

ll • bb • ss • mm • dd • rr • tt • ff • tt • ss • mm • nn

die Mi▬▬e	der So▬▬er	der Ka▬▬ee	be▬▬en
das Ho▬▬y	zi▬▬ern	die Kla▬▬er	die Gita▬▬e
gewi▬▬en	die Flo▬▬e	kü▬▬en	pa▬▬eln

9. Schreibe die Silben auf Kärtchen. Setze dann zu Wörtern zusammen.
Markiere das **tz** farbig.

ze · put · zen · Kat · ze · Sprit · blit · zen

Auch
tz gehört
zu den Doppel-
konsonanten.

10. Schreibe die Silben auf Kärtchen. Setze dann zu Wörtern zusammen.
Markiere das **ck** farbig.

Rö · cke · So · cke · cker · lo · pa · cken

Auch **ck**
gehört zu den
Doppelkonsonanten.
Es bleibt aber immer
zusammen.

11. Sprich die Wörter in Silben. Schreibe sie auf, zeichne die Silbenbögen ein und markiere das **ie**.

12. Sprich die Wörter in Silben. Entscheide, ob i oder ie fehlt. Wenn du unsicher bist, schau auf Seite 208 nach.

Schreibe die Wörter auf und zeichne Silbenbögen darunter.

die K ▬ nder	fl ▬ gen	der R ▬ gel	die Sp ▬ tze
l ▬ gen	die P ▬ zza	die ▬ nsekten	n ▬ der
h ▬ nter	die M ▬ te	z ▬ hen	z ▬ ttern

13. Schreibe die Wörter nach Wortfamilien geordnet auf. Zeichne Silbenbögen ein und markiere das **ie**.

lieb • das Sieb • umziehen • die Liebe •

gesiebt • beziehen • er liebt • erziehen •

liebevoll • sie siebt • die Siebe • die Ziehung

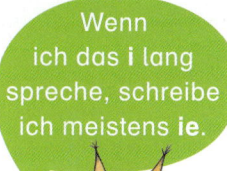

Wenn ich das **i** lang spreche, schreibe ich meistens **ie**.

14. Sammle im Findefix viele Wörter, die mit **2** gekennzeichnet sind. Zerlege die Wörter in Silben und überlege, warum dir die Silben beim richtigen Schreiben helfen.

15. Suche im Findefix und in eigenen Texten weitere Wörter, bei denen der Tipp **2** hilft.

3 Wie ich Wortbausteine nutzen kann ⌐ ⌐ ⌐

Aus Wortbausteinen kann ich Wörter bauen.

|Glück|

|glück|lich

Un|glück|

un|glück|lich

un|glück|lich|er

ver|un|glück|en

Jedes Wort hat einen Wortstamm. ⌐

Es gibt auch Wörter mit zwei Wortstämmen. ⌐ ⌐

Einige Wörter haben eine Vorsilbe. ⌐

Es gibt auch Wörter mit mehreren Vorsilben. ⌐ ⌐

Einige Wörter haben eine Endung. ⌐

Manche Wörter haben mehrere Endungen. ⌐ ⌐

Der Wortstamm verändert sich meistens nicht.

|find|en	|fall|en	Ge|schenk|
er|find|en	um|fall|en	ver|schenk|en
Er|find|ung	ver|fall|en	|Schenk|ung
|Find|ling	Un|fall|	ein|schenk|en
|find|ig	|Fall|tür	aus|schenk|en

Es gibt Wörter mit zwei Wortstämmen.

|Haus||tür|	|Uhr||zeit|
|Arm||band|	|Kopf||tuch|
|Ball||kleid|	|Tisch||bein|
|Spiel||platz|	|Blei||stift|

Das sind zusammengesetzte Wörter. Sie haben zwei Wortstämme.

Probiere den Tipp **3** selbst aus.

1. Setze die Wortbausteine zu Wörtern zusammen. Schreibe sie auf.
Markiere bei jedem Wort Wortstamm, Vorsilbe und Endung.

2. Schreibe die Wörter auf. Markiere bei jedem Wort den Wortstamm.

vorkommen • giftig • trocken • Änderung • nützlich • Heizung •

umfallen • vergessen • Vorsorge • ablenken

3. Bilde mit diesen Endungen Wörter. Schreibe die Wörter auf.
Markiere den Wortstamm und die Endung.

denk   Lehr   Kling

schlaf **en**   Helf **er**   Würf **el**

such   Bäck   Schnitz

4. Ordne die Wörter den Wortbausteinen zu. Schreibe so auf: ⌊kauf⌋en

versuchen • jung • Einbildung • riechen • unglaublich • Halstuch •
lustig • unerträglich • Schreibtisch

5. Erfinde eigene Wortbaustein-Rätsel wie in Aufgabe 4.
Dein Partnerkind kann sie lösen.

4 Wobei mir Wortfamilien helfen

Wörter einer Wortfamilie haben den gleichen Wortstamm.

spiel en   mit spiel en   ein spiel en

Spiel erin   Spiel platz

Bei Wortfamilien mit h bleibt das h immer im Wortstamm.

auf steh en   steh en   ver steh en

Steh platz   Steh lampe

In manchen Wortfamilien verändert sich der Wortstamm.

Schreibe ich …

… die H**e**nde oder die H**ä**nde?

… die H**eu**ser oder die H**äu**ser?

… **ä**lter oder **e**lter?

… k**e**lter oder k**ä**lter?

… du f**ä**ngst oder du f**e**ngst?

Wenn ich nicht weiß, ob e oder ä, suche ich einen Verwandten:

z.B. **a**lt → **ä**lter
f**a**ngen → du f**ä**ngst

Wenn ich nicht weiß, ob eu oder äu, suche ich einen Verwandten:

z.B. das H**au**s → die H**äu**ser

Probiere den Tipp **4** selbst aus.

1. Hier sind die Familien durcheinander geraten. Welche Wörter gehören zu einer Wortfamilie? Schreibe die Wörter nach Wortfamilien auf und markiere den Wortstamm.

Mache es so: **kauf** : ver|kauf|en, |kauf|en, …

Fahrrad	bauen	fahren	Bauarbeiter
mitarbeiten	Fähre	gebaut	arbeitslos
Fahrgestell	Fahrt	Verarbeitung	Gebäude
Baugerüst	Vorarbeiter	gefahren	erbaut
Arbeitswoche	Baustelle	ausfahren	Heimarbeit

2. Bilde mit Wortbausteinen Wörter der Wortfamilie **lauf** .
Schreibe die Wortfamilie auf.

Schreibe es so auf: |lauf|en|

3. Überlege, wie die Wörter geschrieben werden. Suche dazu die passenden Verwandten.

Schreibe so: der B**a**ll → die B**ä**lle

die L⬛nder	die M⬛se	die W⬛nde	du tr⬛gst	die L⬛se
du l⬛fst	w⬛rmer	⬛rmer	du s⬛fst	du f⬛hrst

4. Wer passt nicht in die Wortfamilie? Schreibe nur die neun Wörter auf, die zu der Wortfamilie gehören.

käuflich • kauen • kaufen • verkaufen • Käuferin • Kaufhaus • Verkäufer • gebaut • Einkauf • gekauft • Ausverkauf • verlaufen

5. Findet weitere Wortfamilien und schreibt sie auf. Vergleicht in der Klasse: Wer findet die Wortfamilie mit den meisten Wörtern?

5 Wie ich entscheide, ob ich einen Doppelkonsonanten schreibe

mm
ck
ll
tz
ff

die

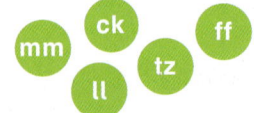

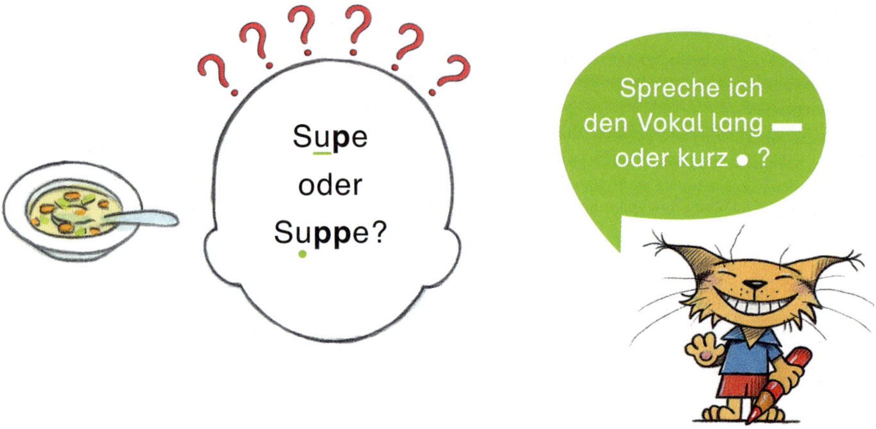
Supe
oder
Suppe?
Spreche ich den Vokal lang ▬ oder kurz • ?

die

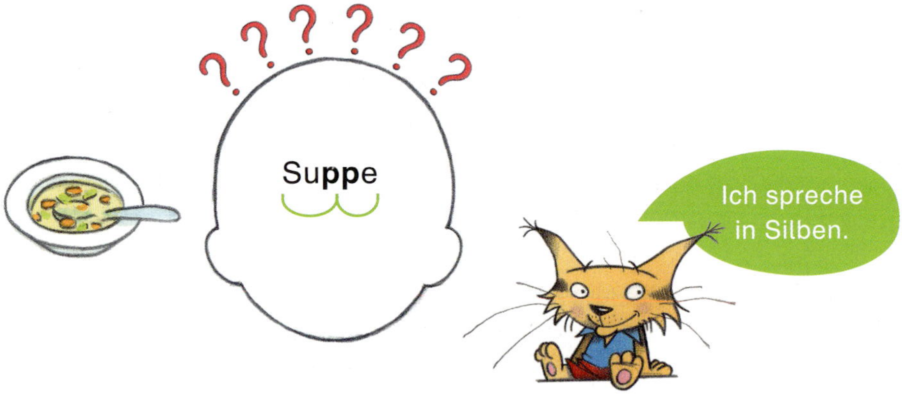
Suppe
Ich spreche in Silben.

Probiere den Tipp **5** selbst aus.

1. Ordne die Wörter in einer Tabelle nach lang und kurz gesprochenen
Vokalen oder Umlauten. Setze die fehlenden Konsonanten ein.
Zeichne Silbenbögen unter jedes Wort.

der A ▬ e   die Sä ▬ e   die Ta ▬ e   die Blu ▬ e

die Fe ▬ er   die Do ▬ e   der Pu ▬ i   die Li ▬ en

2. Setze diese Konsonanten richtig ein. Schreibe
die Wörter auf und markiere die Konsonanten.

nn • t • ss • l • rr • m • n • ll • s • tt • r • mm

der Wo ▬ f   die Wo ▬ e

die Ka ▬ e   die Ka ▬ te

das Zi ▬ er   der Zi ▬ t

pla ▬   plä ▬ schern

die Ka ▬ te   die Ka ▬ e

der Ku ▬   die Kü ▬ te

Nach
einem kurzen Vokal
stehen mindestens zwei
Konsonanten – entweder
zwei gleiche oder zwei
verschieden.

3. Entscheide, welche Buchstaben fehlen. Nutze ▬ , • und in Silben sprechen.
Schreibe die Wörter richtig auf.

s oder ss: fa ▬ en	t oder tt: re ▬ en	b oder bb: gra ▬ en
m oder mm: ja ▬ ern	f oder ff: schla ▬ en	r oder rr: ze ▬ en
d oder dd: pu ▬ ern	g oder gg: la ▬ ern	n oder nn: kö ▬ en

4. Schreibe zu jedem Wort mit Doppelkonsonant aus Aufgabe 3
verwandte Wörter. Markiere die Doppelkonsonanten farbig.
Vergleiche mit einem Partnerkind.

5. Verlängere die Wörter, sodass sie zweisilbig werden.

Schreibe so: nett ↪ net ter

der Kamm • straff • das Bett • fett • toll •

das Fass • komm • der Herr • voll • der Kuss

6. Richtig oder falsch? Nutze ▬ , • und in Silben sprechen. Schreibe die Wörter
richtig auf.

summen	der Schlüsel	der Koffer
der Tedy	die Blumme	schälen
besser	immer	die Wane
lobben	sinngen	zottelig

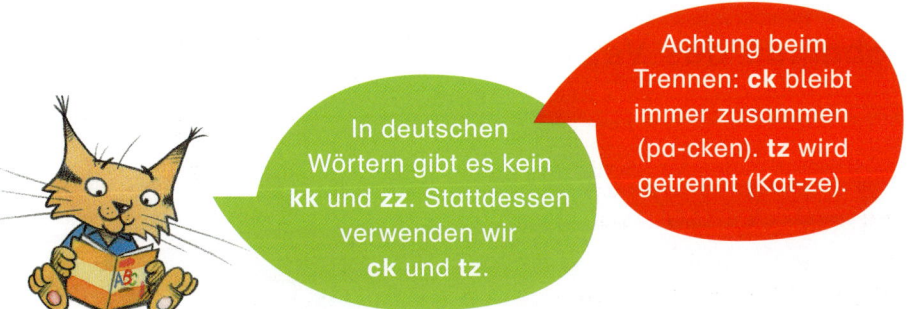

In deutschen Wörtern gibt es kein **kk** und **zz**. Stattdessen verwenden wir **ck** und **tz**.

Achtung beim Trennen: **ck** bleibt immer zusammen (pa-cken). **tz** wird getrennt (Kat-ze).

7. Setze **k** oder **ck** ein. Schreibe die Wörter auf. Markiere die Konsonanten. Kontrolliere mit dem Findefix.

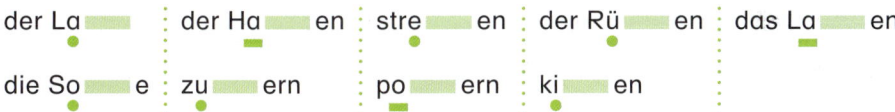

der La▬ : der Ha▬en : stre▬en : der Rü▬en : das La▬en

die So▬e : zu▬ern : po▬ern : ki▬en

8. Setze die Silben zu Wörtern zusammen. Schreibe auf und markiere **tz** farbig.

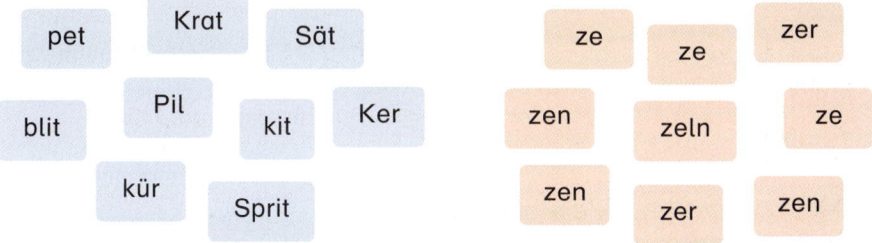

pet   Krat   Sät   blit   Pil   kit   Ker   kür   Sprit

ze   ze   zer   zen   zeln   ze   zen   zer   zen

9. Schreibe alle Wörter aus den Aufgaben 7 und 8, die man trennen kann, mit einem Trennungsstrich auf: der Ha-ken, ...

10. Sammle im Findefix viele Wörter, die mit **5** gekennzeichnet sind. Beweise mit Tipp **5** die Schreibung der Wörter.

11. Suche im Findefix und in eigenen Texten weitere Wörter, bei denen der Tipp **5** hilft.

6 Wobei mir das Verlängern von Wörtern hilft

der   Hunt oder Hund?   die

 der Hun ▬   **t oder d?**    die Hun-**d**e, also: der Hun**d**

 das Hef ▬   **t oder d?**   die Hef-**t**e, also: das Hef**t**

 lan ▬   **k oder g?**   län-**g**er, also: lan**g**

 star ▬   **k oder g?**    stär-**k**er, also: star**k**

 er hu ▬ t   **p oder b?**    wir hu-**p**en, also: er hu**p**t

 sie gru ▬   **p oder b?**    wir gru-**b**en, also: sie gru**b**

Probiere den Tipp 6 selbst aus.

1. Überlege, welche Buchstaben fehlen. Beweise mit dem verlängerten Wort.
   Schreibe so: die Hor-te → der Hort. Schlage die Wörter zur Kontrolle nach.

d oder t?	die Wu ▪	die Han ▪	run ▪	ro ▪
wil ▪	das Lan ▪	gu ▪	das Bil ▪	das Gol ▪

g oder k?	der We ▪	kran ▪	der Krie ▪	blan ▪
sie sie ▪ t	die Ban ▪	er betro ▪	der Zu ▪	er zan ▪ t

b oder p?	lie ▪	der Ty ▪	der Kor ▪	hal ▪
sie zir ▪ t	das Lo ▪	er we ▪ t	das Kal ▪	der Siru ▪

2. Vervollständige die Sätze. Schreibe sie auf und nutze sie als Hilfe.

Bei Adjektiven hilft mir meist …

Bei Nomen hilft mir meist …

Bei Verben hilft mir meist …

… die Vergleichsstufe zu bilden.

… die Mehrzahl zu bilden.

… die Grundform zu bilden.

3. Sammle im Findefix zehn Wörter, die mit 6 gekennzeichnet sind.
   Verlängere jedes Wort. Schreibe wie bei Aufgabe 1.

4. Suche auch in eigenen Texten Wörter, bei denen Tipp 6 hilft.

7 Wie ich herausfinde, ob ich ein Wort großschreibe **A**a

1 Das Wort am Satzanfang schreibe ich immer groß.

Im Herbst verlieren die Bäume ihre Blätter.
Der Junge spielt gut Tennis.
Heute kochen wir Nudeln.

2 Nomen schreibe ich immer groß.

Nomen sind …
… Namen für Menschen.   → z.B. **Max**, **Dirk**, **Anne**
… Namen für Tiere.   → z.B. der **Vogel**, der **Hund**, die **Ameise**
… Namen für Pflanzen.   → z.B. die **Blume**, der **Busch**, der **Baum**
… Namen für Dinge.   → z.B. der **Tisch**, das **Auto**, das **Buch**
… Namen für Gedanken / Gefühle. → z.B. der **Traum** und die **Freude**
… Namen für Ereignisse.   → z.B. der **Geburtstag**

Nomen erkenne ich daran, dass …
… ich einen **bestimmten Artikel oder unbestimmten Artikel** davorsetzen kann.
   → **die** Schule / **eine** Schule
… ich ein **Adjektiv** davorsetzen kann.
   → die **große** Schule

> Wenn mindestens zwei dieser Erkennungsmerkmale auf ein Wort zutreffen, ist es ein Nomen.

Nomen sind …
… Wörter, die auf -heit, -keit, -ung, -nis, -schaft und -tum enden, z.B. Dunkel**heit**, Freundlich**keit**, Erneuer**ung**, Wag**nis**, Freund**schaft**, Reich**tum**.
… Wörter, die in der Einzahl und in der Mehrzahl gebraucht werden, z.B. **die Blume** – **die Blumen**, **der Traum** – **die Träume**.

Probiere den Tipp **7** selbst aus.

1. Hier sind alle Wörter kleingeschrieben. Schreibe den Text richtig auf. Kreise
das Wort am Satzanfang ein. Unterstreiche alle Nomen.

> das pferd war sehr wild. es galoppierte über die wiesen. leider stand das
> tor offen. so konnte das pferd hinauslaufen. das war eine große aufre-
> gung. alle großen kinder wollten das pferd wieder einfangen. geschafft
> haben es schließlich tina und jan. da war die freude groß.

2. Schreibe alle Nomen ab. Was hat dir geholfen, sie zu finden?
Tausche dich mit einem anderen Kind aus.

> In der Nacht sind alle wilden Katzen unterwegs. Sie gehen auf große
> Mäusejagd. Aber die flinken Mäuse sind sehr geschickt. Sie verstecken
> sich in einer alten Mülltonne mit einem klitzekleinen Loch an der Seite.
> So sind die schlauen Mäuse gut geschützt und die hungrigen Katzen
> müssen weiterziehen.

3. Sammle Namen für Gedanken und Gefühle und schreibe sie auf.

4. Suche Wörter im Findefix mit der Nr. **7**. Erkläre einem anderen Kind,
warum die Wörter großgeschrieben werden.

5. Finde zu jedem Adjektiv möglichst viele Nomen.

Schreibe so auf: der alte Mann, das alte Sofa, die alten Schuhe, …

klein   groß   schön   wolkig

mutig   schlau   schrecklich   wütend

223

8 Welche Wörter ich mir merken muss M

Hier siehst du besondere **Wörter mit Aufpassstellen:**

Es gibt Wörter, die ich mir **merken** muss!

T**i**ger

i

lang gesprochen

Vogel

v

Kl**ee**

ee

W**aa**ge

aa

B**oo**t

oo

He**x**e

x

Fu**chs**

chs

Ke**ks**

ks

Pyramiden **Y**oga

y

K**ä**fer

ä

ohne Verwandten mit a

Stu**h**l

h

stummes

Stra**ß**e

ß

Probiere den Tipp **8** selbst aus. Das hilft dir dabei, dir besondere Wörter zu merken:

1. Schreibe die besonderen Wörter bunt, **ganz groß**, klitzeklein, … auf ein Plakat. Hänge das Plakat an einer Stelle auf, wo du es oft siehst.

2. Kennzeichne die Aufpassstelle immer besonders:

einkreisen: M(oo)s   unterstreichen: Lu<u>ch</u>s

markieren: V ase   nachfahren: stoßen

3. Schreibe kurze Sätze oder Unsinnsätze mit deinen besonderen Wörtern.
Beispiel: Der Bär isst gern Käse.

4. Sortiere die besonderen Wörter nach dem ABC. Schreibe sie geordnet auf.

5. Schreibe die Wörter aus der Wortfamilie des besonderen Wortes auf.
Beispiel: fahren, das Fahrrad, er fährt, gefahren …

6. Schreibe mit den besonderen Wörtern zusammengesetzte Wörter,
z.B. Biberbau, Fußball, Höhleneingang, …

7. Suche dir eine Partnerin oder einen Partner. Diktiert euch die besonderen Wörter gegenseitig und kontrolliert sie mit dem Findefix.

8. Suche im Findefix Wörter, die mit Nummer **8** gekennzeichnet sind, oder besondere Wörter aus deinen eigenen Texten. Wähle dazu aus den Aufgaben 1 bis 6 aus und übe die Wörter wie dort beschrieben.

9. Richtig viel schreiben hilft. Welche Wörter möchtest du dir besonders merken? Schreibe eine ganze Zeile oder eine ganze Seite deiner besonderen Wörter.

9 Wie ich Zweifel nutze

Gehe jedem noch so kleinen Zweifel nach.
Die Tipps können dir helfen.

Tipp

1. Wobei mir deutliches Sprechen und genaues Hinhören helfen können

2. Wie ich Silben nutzen kann

3. Wie ich Wortbausteine nutzen kann

4. Wobei mir Wortfamilien helfen

5. Wie ich entscheide, ob ich einen Doppelkonsonanten schreibe

6. Wobei mir das Verlängern von Wortern hilft

7. Wie ich herausfinde, ob ich ein Wort großschreibe

8. Welche Wörter ich mir merken muss

9. Wie ich Zweifel nutze

10. Wie ich im Wörterbuch nachschlage

Probiere den Tipp **9** selbst aus.

1. Fehlersuche: Sind die Wörter richtig oder falsch geschrieben?
Erkläre einem anderen Kind mit dem passenden Tipp.

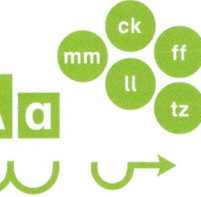

der Zettel	der Brif	das Glück
er hubt	koch	liefern
das Laub	die Krabbe	die Tatze
schwizen	hoffnung	der Rant

2. Überprüfe mit dem Findefix.

T-Shirt • Triumpf • Ypsilon

Moor • Wirus • tüpisch

Falls du ein Wort nicht gleich findest, informiere dich auf Seite 58/59.

3. Merke dir folgende vier Schritte
und wende sie bei deinen eigenen
Texten zur Überarbeitung an:

Auf den Seiten 234 – 246 findest du weitere Hilfen dazu.

Ich lese mir meinen Text ganz langsam durch und spreche dazu. Dann lese ich ihn von hinten nach vorne durch.

Ich berichtige Fehler, die ich entdecke, sofort. Wörter, bei denen ich noch zweifle, markiere ich farbig.

Satzanfänge schreibe ich groß. Ich überprüfe das.

Ich lese den Text ein letztes Mal durch und achte nur auf die Großschreibung der Nomen.

Schreibideen-Säckchen

1. Welche Gegenstände würdest du mit auf eine einsame Insel nehmen?

2. Suche dir mindestens fünf Gegenstände aus.

3. Schreibe die ausgewählten Gegenstände auf Wortkärtchen.

4. Lege die Kärtchen in eine Reihenfolge, die für deine Geschichte möglich sein kann. Probiere verschiedene Reihenfolgen.

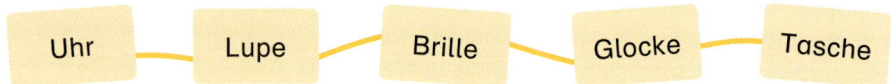

5. Bastle ein Schreibideen-Säckchen und schreibe eine Geschichte dazu. Überlege dir selbst ein Thema oder wähle aus:

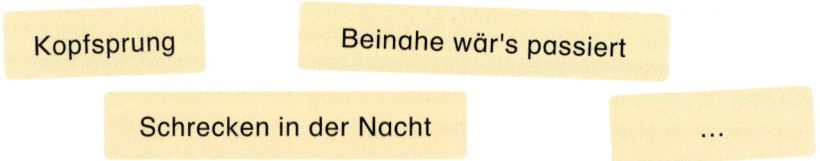

Ideennetz

1. Lege ein leeres Blatt quer auf den Tisch.

2. Schreibe in die Mitte ein Wort und umkreise es, z.B.:

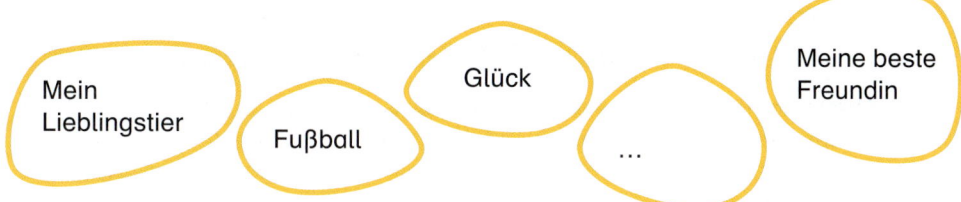

3. Schreibe um das umkreiste Wort herum alles, was dir dazu einfällt. Umkreise auch diese Notizen und verbinde sie mit der Mitte. So entsteht ein Ideennetz.

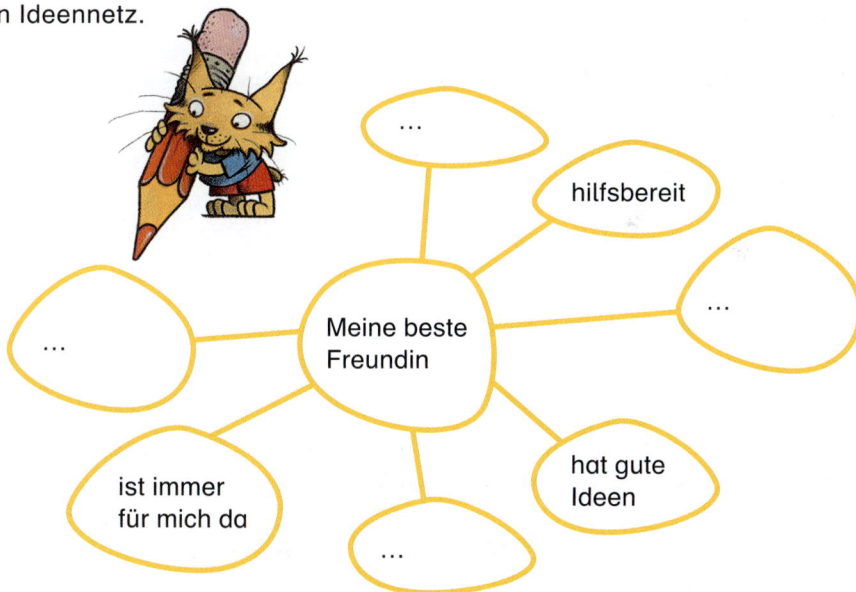

4. Schreibe weitere Ideennetze. Vergleiche mit einem Partnerkind oder stellt eure Ideennetze in der Klasse vor.

Kalendergeschichten

1. Welchen Monat magst du besonders gern? Schreibe auf.

2. Denke dir Wörter aus, die zu diesem Monat besonders gut passen, und schreibe sie auf.

3. Schreibe mit deinen Monatswörtern deine Monatsgeschichte.

4. Welchen Namen möchtest du deinem Monat geben? Denke dir ein zusammengesetztes Nomen mit dem Grundwort „Monat" aus. Benutze den Namen als Überschrift für deine Monatsgeschichte, z.B.:

Halloweenmonat	Ferienmonat	Schneemonat	...monat

5. Lies deine Monatsgeschichte einem anderen Kind vor. Lass es erraten, um welchen Monat es geht.

6. Sucht passende Bilder für eure Monatsgeschichten.

7. Gestaltet einen Geschichtenkalender für die Klasse, indem ihr Bilder und Geschichten auf Fotokarton anordnet.

Bilder erzählen Geschichten

1. Sammelt Fotos oder Bilder, die euch überraschen, die ihr toll findet, über die ihr euch wundert, …

2. Bildet einen Stuhlkreis, legt die gesammelten Bilder in die Mitte.

3. Alle suchen sich jeweils ein Bild aus, zu dem sie etwas schreiben möchten.

4. Zeigt euch die ausgewählten Bilder und überlegt, welche für einen Text zusammenpassen könnten.

5. Bildet Gruppen mit nicht mehr als vier Personen. Tauscht eure Ideen aus.

6. Überlegt euch eine mögliche Überschrift. Schreibt gemeinsam einen Text.

7. Prüft, ob eure Überschrift zu eurer Geschichte passt. Wenn nicht, denkt euch eine neue Überschrift aus.

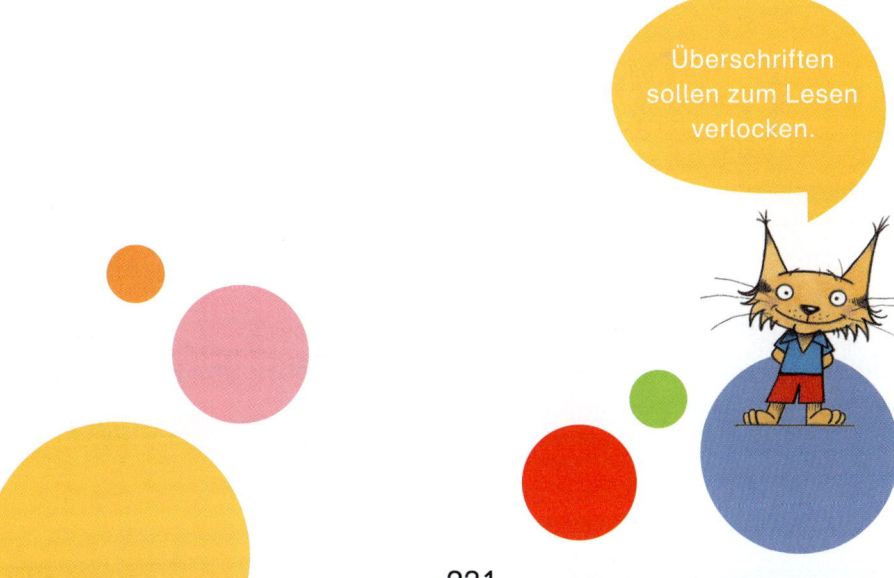

Überschriften sollen zum Lesen verlocken.

W-Fragen

1. Der Ort, in dem du lebst, ist sicher eine Geschichte wert. Überlege dir spannende Überschriften für eine mögliche Geschichte.

| ... -Krimi | Mein Lieblingsplatz in ... | Aufregung am ... |

2. Schreibe möglichst viele Überschriften auf.

3. Tragt eure Überschriften in der Klasse / Gruppe vor.

4. Zu welcher Überschrift fällt dir am meisten ein?
   Es kann auch die Überschrift eines anderen Kindes sein.

5. Ordne deine Ideen zu einer Überschrift mithilfe der folgenden W-Fragen und mache dir Notizen.

W-Fragen

Wer erlebt / tut etwas?

Mit **wem**?

Wo genau?

Wann passiert es?

... ?

6. Denke dir weitere Fragen aus.

7. Schreibe nun deinen Text. Beantworte dabei mindestens drei Fragen.

Texte schreiben

1. Bevor du mit dem Schreiben deines Textes beginnst,
   nimm dir Zeit für deine Ideen.

   Du kannst …

   - ein Ideennetz anfertigen (Seite 229),
   - W-Fragen beantworten (Seite 232),
   - dir Überschriften ausdenken (Seite 232),
   - Stichwörter notieren,
   - mit einem anderen Kind Ideen austauschen,
   - im Internet recherchieren,
   - …

2. Gestalte deinen Schreibplatz so, dass du dich wohl fühlst.
   Wähle einen Stift, mit dem du gut und gerne schreibst.

3. Du wirst später deinen Text überarbeiten. Das erleichterst du dir,
   indem du entweder …

   - nur jede 2. Zeile beschreibst oder
   - das Blatt in der Mitte faltest und nur die eine Hälfte beschreibst.

Wenn du fertig
bist, lies deinen Text
halblaut für dich.

Texte unter die Lupe nehmen

Mit „Textlupen" könnt ihr in einer
Gruppe Texte überarbeiten.

- Ein Textentwurf wird von mehreren Kindern gelesen.

- Jedes kann seine Meinung zu dem Text äußern, indem es sie aufschreibt.

- Das Autorenkind erhält anschließend diese Rückmeldung.

- Das Autorenkind kann frei entscheiden, wie es seinen Text überarbeitet.

Gehe so vor:

1. Bildet Gruppen mit bis zu fünf Kindern.

2. Entscheidet, welcher Text unter die Lupe genommen werden soll. Dieser wird für jedes Gruppenmitglied kopiert.

3. Jedes Gruppenmitglied liest den Text genau.
   Dazu erhält jedes Kind ein Blatt mit drei Fragen.

Was hat mir gut gefallen?	Wo habe ich noch Fragen?	Was schlage ich vor?
z.B. …	z.B. …	z.B.: Benutze die Wortfeldsammlung auf Seite 238/239.

4. Das Autorenkind bekommt seinen Text zusammen mit den ausgefüllten Blättern.

5. Das Autorenkind entscheidet, ob es Vorschläge beim Überarbeiten annehmen möchte.

Schreibkonferenz

Ein Text ist selten auf Anhieb perfekt. Auch berühmte Autoren und Autorinnen überarbeiten ihre Texte mehrfach. Dabei ist eine Schreibkonferenz ein guter Weg.

Gehe so vor:

1. Suche dir zwei Kinder deiner Wahl, mit denen du deinen Text in einer Schreibkonferenz überarbeiten möchtest.

2. Lies deinen Text vor. Bitte darum, genau darauf zu achten, ob alles verständlich ist. Die Fragen helfen dir dabei.

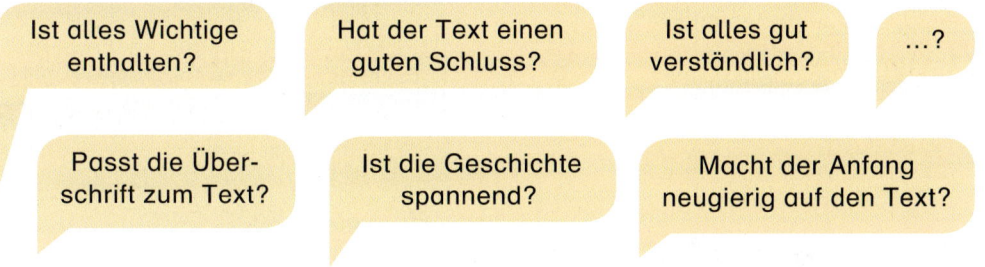

3. Mach dir Zeichen an Stellen deines Textes, die du später überarbeiten möchtest.

4. Lies deinen Text noch einmal vor. Jetzt geht es um die Sprache. Bitte um sprachliche Verbesserungsvorschläge (Checkliste S. 236/237).

5. Lass alle in deinen Text sehen und bitte um Hinweise zur Rechtschreibung.

Checklisten nutzen

Du kannst …
- allein
- mit einem Partnerkind
- in einer Schreibkonferenz

… überprüfen, ob dein Text gelungen ist. Dazu eignen sich Checklisten. Die folgenden Checklisten sind Anregungen.

Mini-Checkliste

1. Ist alles verständlich?
2. Ist die Reihenfolge sinnvoll?
3. Ist die Überschrift passend?
4. Steht am Anfang das, was die Leser wissen müssen?
5. Hat der Text einen gelungenen Schluss?
6. …

Checkliste für Sachtexte

1. Ist klar, worum es geht?
2. Werden die Vorgänge oder die Sache genau beschrieben?
3. Stimmt die Reihenfolge?
4. Werden Fachbegriffe gebraucht?
5. Ist alles Wichtige gesagt?
6. Ist Unnötiges weggelassen?
7. Ist der Text in der Gegenwart geschrieben? (s. S. 242 – 245)
8. …

Checkliste für Erzählungen

1. Macht die Überschrift neugierig?
2. Wird deutlich, wo die Erzählung spielt?
3. Kann man sich gut vorstellen, was passiert?
4. Werden die Personen vorgestellt?
5. Gibt es eine besonders spannende Stelle in der Erzählung?
6. Wird alles erzählt?
7. Wird die wörtliche Rede verwendet?
8. Werden in den Begleitsätzen unterschiedliche Verben benutzt? (s. S. 238)
9. Ist die Erzählung in der 1. Vergangenheit geschrieben? (s. S. 242 – 245)

Checkliste für eine Personenbeschreibung

1. Werden Einzelheiten erwähnt, z.B. Haarfarbe und -länge, Frisur, Gesichtsform, Nase, Augen, Mund, Figur, Größe, Kleidung, besondere Merkmale?

2. Sind besondere Merkmale benannt, z.B. Narbe, Muttermal?

3. Ist die Reihenfolge sinnvoll, z.B. von oben nach unten?

4. Helfen die Adjektive, sich die Person gut vorzustellen? (s.S. 239)

5. Sind treffende Wörter verwendet?

6. Ist nur das beschrieben, was man sehen kann?

7. ...

Checkliste für die sprachliche Überarbeitung

1. Wird die richtige Zeitform verwendet? (s.S. 242–245)

2. Sind die Satzanfänge abwechslungsreich? (s.S. 238/239)

3. Werden Wortwiederholungen vermieden?

4. Sind die entscheidenden Wörter treffend verwendet?

5. Werden auch Pronomen anstelle von Nomen verwendet? (s.S. 278)

6. ...

Nach Wörtern suchen: Wortfelder

lachen

grinsen, jauchzen, lächeln, prusten, gackern, kichern, sich schieflachen, strahlen, wiehern, schmunzeln

machen

erledigen, basteln, handeln, unternehmen, veranstalten, entwerfen, reparieren, fertigstellen, arbeiten, herzeigen, tun, zubereiten, ausführen, bewältigen

Satzanfänge: Gründe

darum, deshalb, daher, aus diesem Grund, andererseits, trotzdem, aber, jedoch, doch, so, kaum, dass, weil, obwohl, wenn

Präpositionen: Beschreibungen

vor, unter, hinter, neben, über, an, geradeaus, links, rechts, über, von, durch, in, im, an, am

schön

fabelhaft, himmlisch, perfekt, fantastisch, hübsch, bildschön, entzückend, lieblich, klasse, prächtig, niedlich, reizend, toll, traumhaft, prima, wunderbar, makellos, wunderschön, wundervoll, herrlich, strahlend, vollkommen, bezaubernd

dunkel

düster, finster, stockdunkel, dämmrig, schummrig, pechschwarz, trübe, stockfinster, rabenschwarz, nachtschwarz

sagen

ankündigen, verkünden, antworten, fragen, ausrichten, berichten, behaupten, benachrichtigen, beschreiben, erzählen, beteuern, brüllen, schreien, brummeln, durchsagen, ansagen, einwenden, entgegnen, erklären, erwähnen, klagen, informieren, flüstern, flehen, meinen, mitteilen, murmeln, plappern, rufen, reden, plaudern, flüstern, schwätzen, stammeln, stottern, tuscheln, sprechen, vorschlagen, vortragen, wispern

gehen

laufen, rennen, schreiten, wandern, marschieren, schleichen, huschen, eilen, hopsen, bummeln, waten, springen, flitzen, sich fortbewegen, hasten, humpeln, sausen, schlurfen, spurten, joggen, stapfen, trippeln

böse

zornig, heimtückisch, bitterböse, abscheulich, schlimm, hinterhältig, übel, sauer, boshaft, ekelhaft, fies, wütend, verärgert, frech, ungut, garstig, gehässig, unfreundlich, gemein, niederträchtig, hinterlistig, unangenehm, tückisch

Adjektive: Personenbeschreibungen

oval, rund, eckig, kurz, lang, schmal, groß, klein, mittelgroß, dick, dünn, mager, pummelig, mollig, schlank, zierlich, hellbraun, dunkelbraun, schwarz, blond, rot, braun, grau

Geräusche

Klang, Lärm, Laut, Geraschel, Krach, das Kreischen, Ton, Getöse, Gebrumm, Knall, das Knistern, das Knacken, das Summen, Schall, Geschrei, Geknister

sehen

gucken, ansehen, bemerken, beobachten, betrachten, blinzeln, erblicken, entdecken, spähen, erkennen, mustern, schauen, starren, besichtigen, wahrnehmen

Satzanfänge: Zeit

plötzlich, auf einmal, unerwartet, in diesem Augenblick, zuerst, nun, dann, danach, zunächst, als Nächstes, bevor, immer wieder, später, jetzt, während, einmal, schließlich, zuletzt, im Anschluss, damals, neulich, gleichzeitig, inzwischen, endlich, später, schließlich, im Laufe der Zeit, manchmal, oft, immer wieder, vor langer Zeit, vor kurzem

Die richtige Zeitform gebrauchen

Manche Vergangenheitsformen sind schwierig zu bilden.

1. Übertrage die Denkblasen. Verwende die richtigen Vergangenheitsformen.

> **Tipp**   Du findest die richtigen Vergangenheitsformen
> in der Tabelle auf S. 242 – 245.

2. Schreibe die Grundformen der Verben in den Denkblasen heraus
   und bilde die richtige Gegenwartsform in der 2. Person Einzahl.

   Schreibe so: gewinnen → du gewinnst (s. S. 242 – 245)

3. Übertrage die Grundformen unten und bilde die richtigen Gegenwartsformen
   in der 2. Person Einzahl. Markiere, was sich verändert hat.

   Schreibe so: messen → du misst

   graben • helfen • essen • fahren • geben

   mögen • tragen • sehen • können • dürfen

Ayse ... (schreiben) einen langen
Brief an ihre Mutter und ... (bringen)
ihn sofort zum Briefkasten.

Der Schiedsrichter ...
(sehen) ein Foul und ...
(pfeifen) darum einen
Strafstoß.

Die Angeklagte ... (schweigen)
zu allen Fragen, die der Richter
... (vorlesen).

Du ... (fahren) mit dem
Fahrrad zur Schule,
obwohl es in Strömen
... (gießen).

Wir ... (mögen) es auf der
Klassenreise am liebsten,
wenn es Spaghetti ... (geben).

1. Übertrage die Textstellen, ersetze die Grundformen durch die richtigen
   Formen in der 1. Vergangenheit (s. S. 242 – 245).

2. Schreibe die Grundformen der Verben heraus und bilde die
   richtigen Formen in der 2. Vergangenheit. Wähle unterschiedliche
   Personalformen (ich, du, er sie es, wir, ihr, sie).

   Schreibe so: finden → wir haben gefunden

Grundform	Gegenwart	1. Vergangenheit	2. Vergangenheit
B			
befehlen	du befiehlst	sie befahl	er hat befohlen
beginnen	du beginnst	sie begann	er hat begonnen
beißen	du beißt	sie biss	er hat gebissen
biegen	du biegst	sie bog	er hat gebogen
bieten	du bietest	sie bot	er hat geboten
bitten	du bittest	sie bat	er hat gebeten
blasen	du bläst	sie blies	er hat geblasen
bleiben	du bleibst	sie blieb	er ist geblieben
braten	du brätst	sie briet	er hat gebraten
brechen	du brichst	sie brach	er hat gebrochen
brennen	es brennt	es brannte	es hat gebrannt
bringen	du bringst	sie brachte	er hat gebracht
D			
denken	du denkst	sie dachte	er hat gedacht
dürfen	du darfst	sie durfte	er hat gedurft
E			
empfangen	du empfängst	sie empfing	er hat empfangen
empfehlen	du empfiehlst	sie empfahl	er hat empfohlen
empfinden	du empfindest	sie empfand	er hat empfunden
erschrecken	du erschrickst du erschreckst ihn	sie erschrak sie erschreckte ihn	er ist erschrocken er hat ihn erschreckt
essen	du isst	sie aß	er hat gegessen
F			
fahren	du fährst	sie fuhr	er ist gefahren
fallen	du fällst	sie fiel	er ist gefallen
fangen	du fängst	sie fing	er hat gefangen
finden	du findest	sie fand	er hat gefunden
fliegen	du fliegst	sie flog	er ist geflogen
fliehen	du fliehst	sie floh	er ist geflohen
fließen	du fließt	sie floss	er ist geflossen
fressen	du frisst	sie fraß	er hat gefressen
frieren	du frierst	sie fror	er hat gefroren

Grundform	Gegenwart	1. Vergangenheit	2. Vergangenheit

G

Grundform	Gegenwart	1. Vergangenheit	2. Vergangenheit
geben	du gibst	sie gab	er hat gegeben
gehen	du gehst	sie ging	er ist gegangen
gelingen	es gelingt	es gelang	es ist gelungen
gelten	es gilt	es galt	es hat gegolten
geschehen	es geschieht	es geschah	es ist geschehen
gewinnen	du gewinnst	sie gewann	er hat gewonnen
gießen	du gießt	sie goss	er hat gegossen
graben	du gräbst	sie grub	er hat gegraben
greifen	du greifst	sie griff	er hat gegriffen

H

Grundform	Gegenwart	1. Vergangenheit	2. Vergangenheit
haben	du hast	sie hatte	er hat gehabt
halten	du hältst	sie hielt	er hat gehalten
hängen	du hängst	sie hing / sie hängte	er hat gehangen
heben	du hebst	sie hob	er hat gehoben
heißen	du heißt	sie hieß	er hat geheißen
helfen	du hilfst	sie half	er hat geholfen

K

Grundform	Gegenwart	1. Vergangenheit	2. Vergangenheit
kennen	du kennst	sie kannte	er hat gekannt
kommen	du kommst	sie kam	er ist gekommen
können	du kannst	sie konnte	er hat gekonnt
kriechen	du kriechst	sie kroch	er ist gekrochen

L

Grundform	Gegenwart	1. Vergangenheit	2. Vergangenheit
lassen	du lässt	sie ließ	er hat gelassen
laufen	du läufst	sie lief	er ist gelaufen
leiden	du leidest	sie litt	er hat gelitten
leihen	du leihst	sie lieh	er hat geliehen
lesen	du liest	sie las	er hat gelesen
liegen	du liegst	sie lag	er hat gelegen
lügen	du lügst	sie log	er hat gelogen

M

Grundform	Gegenwart	1. Vergangenheit	2. Vergangenheit
messen	du misst	sie maß	er hat gemessen
mögen	du magst	sie mochte	er hat gemocht

Grundform	Gegenwart	1. Vergangenheit	2. Vergangenheit
müssen	du musst	sie musste	er hat gemusst
nehmen	du nimmst	sie nahm	er hat genommen
nennen	du nennst	sie nannte	er hat genannt
pfeifen	du pfeifst	sie pfiff	er hat gepfiffen
raten	du rätst	sie riet	er hat geraten
reißen	du reißt	sie riss	er hat gerissen
reiten	du reitest	sie ritt	er hat geritten
rennen	du rennst	sie rannte	er ist gerannt
riechen	du riechst	sie roch	er hat gerochen
rufen	du rufst	sie rief	er hat gerufen
scheinen	du scheinst	sie schien	er hat geschienen
schieben	du schiebst	sie schob	er hat geschoben
schießen	du schießt	sie schoss	er hat geschossen
schlafen	du schläfst	sie schlief	er hat geschlafen
schlagen	du schlägst	sie schlug	er hat geschlagen
schleichen	du schleichst	sie schlich	er ist geschlichen
schließen	du schließt	sie schloss	er hat geschlossen
schmelzen	du schmilzt	sie schmolz	er hat geschmolzen
schneiden	du schneidest	sie schnitt	er hat geschnitten
schreiben	du schreibst	sie schrieb	er hat geschrieben
schreien	du schreist	sie schrie	er hat geschrien
schweigen	du schweigst	sie schwieg	er hat geschwiegen
schwimmen	du schwimmst	sie schwamm	er ist geschwommen
schwören	du schwörst	sie schwor	er hat geschworen
sehen	du siehst	sie sah	er hat gesehen
sein	du bist	sie war	er ist gewesen
senden	du sendest	sie sandte sie sendete	er hat gesandt er hat gesendet
singen	du singst	sie sang	er hat gesungen

Grundform	Gegenwart	1. Vergangenheit	2. Vergangenheit
sinken	du sinkst	sie sank	er ist gesunken
sitzen	du sitzt	sie saß	er hat gesessen
sprechen	du sprichst	sie sprach	er hat gesprochen
springen	du springst	sie sprang	er ist gesprungen
stechen	du stichst	sie stach	er hat gestochen
stehen	du stehst	sie stand	er hat gestanden
stehlen	du stiehlst	sie stahl	er hat gestohlen
steigen	du steigst	sie stieg	er ist gestiegen
stoßen	du stößt	sie stieß	er hat gestoßen
streiten	du streitest	sie stritt	er hat gestritten
tragen	du trägst	sie trug	er hat getragen
treffen	du triffst	sie traf	er hat getroffen
treiben	du treibst	sie trieb	er hat getrieben
treten	du trittst	sie trat	er hat getreten
trinken	du trinkst	sie trank	er hat getrunken
tun	du tust	sie tat	er hat getan
vergessen	du vergisst	sie vergaß	er hat vergessen
vergleichen	du vergleichst	sie verglich	er hat verglichen
verlieren	du verlierst	sie verlor	er hat verloren
verschwinden	du verschwindest	sie verschwand	er ist verschwunden
vorlesen	du liest vor	sie las vor	er hat vorgelesen
wachsen	du wächst	sie wuchs	er ist gewachsen
waschen	du wäschst	sie wusch	er hat gewaschen
weichen	du weichst	sie wich	er ist gewichen
wenden	du wendest	sie wandte sie wendete	er hat gewandt er hat gewendet
werden	du wirst	sie wurde	er ist geworden
werfen	du wirfst	sie warf	er hat geworfen
ziehen	du ziehst	sie zog	er hat gezogen

T

V

W

Z

Ausrufe machen eine Erzählung lebendig

„…", rief die Oma, als der Ball zum dritten Mal auf ihren Balkon flog.

Die Lehrerin hat die Angewohnheit, bei richtigen Antworten „…" zu sagen.

Nachdem der Fahrradschlauch ein Loch hatte, sie den Bus verpasste und feststellen musste, dass sie den Schlüssel vergessen hatte, stöhnte sie: „…"

„…", sagte mein Freund, als ich ihm von dem tollen Spielergebnis erzählte.

„…", entfuhr es ihm, als er sich in den Finger stach.

1. Vervollständige die Sätze mit passenden Ausrufen und schreibe sie auf.

2. Denke dir weitere Ausrufe aus und schreibe sie in Sprechblasen.

3. Suche dir einen Lernpartner. Ein Kind sagt einen Ausruf, das andere beschreibt in einem Satz, wann, wo und von wem der Ausruf gemacht wird.

4. Sammelt in der Klasse alle Ausrufe, die ihr gefunden habt. Schreibt sie auf ein Plakat. Verwendet sie beim Überarbeiten von Erzählungen.

Ein „Klassen-Buch"

1. Sammelt besonders gelungene Texte, die in eurer Klasse geschrieben werden. Überlegt, ob ihr Texte z.B. zu einem Thema (Monatsgeschichten, s. S. 230) oder die Texte aller Kinder in das „Klassen-Buch" aufnehmen wollt.

2. Überlegt, wer euer „Klassen-Buch" lesen wird. Es ist gut geeignet als Geschenk, z.B. für eine Lehrerin oder ein Kind, die die Schule verlassen.

3. Entscheidet, welche Größe die Blätter eures Buches haben sollen.

4. Legt eine Reihenfolge der Texte fest und schreibt ein Inhaltsverzeichnis.

5. Gebt eurem Buch einen Titel und entwerft einen passenden Buchdeckel.

6. Gestaltet das „Klassen-Buch". Ihr könnt Fotos, Zeichnungen, Postkarten, Kopien auch von anderen Texten, Collagen und vieles andere verwenden.

7. Achtet auf gute Lesbarkeit. Kontrolliert die Rechtschreibung, benutzt dazu den Findefix.

8. Fügt die einzelnen Blätter zu einem Buch zusammen, z.B. mit einer Spiralbindung, ...

9. Wenn ihr euer „Klassen-Buch" kopiert, könnt ihr es

- als Erinnerung an die Grundschulzeit für euch behalten.
- Eltern zu Weihnachten schenken.
- ...

Autorenstunde

Eigene Geschichten gut vorzutragen ist nicht einfach. Um eine schöne Atmosphäre herzustellen, solltet ihr einige Vorbereitungen treffen.

1. Bittet eure Lehrerin oder euren Lehrer eine Unterrichtsstunde für das Vortragen eurer Geschichten zur Verfügung zu stellen.

2. Stellt Tische und Stühle so, dass alle gut zuhören können.

3. Stellt einen Stuhl für das Autorenkind bereit und richtet ihn schön her.

4. Überlegt, ob ihr einen Blumenstrauß oder eine Kerze für diese besondere Gelegenheit in euren Klassenraum stellen wollt.

5. Das Autorenkind entscheidet, ob es Musik einsetzen möchte.

6. Bereitet euch gut auf das Vortragen vor.

   Dazu einige Tipps:

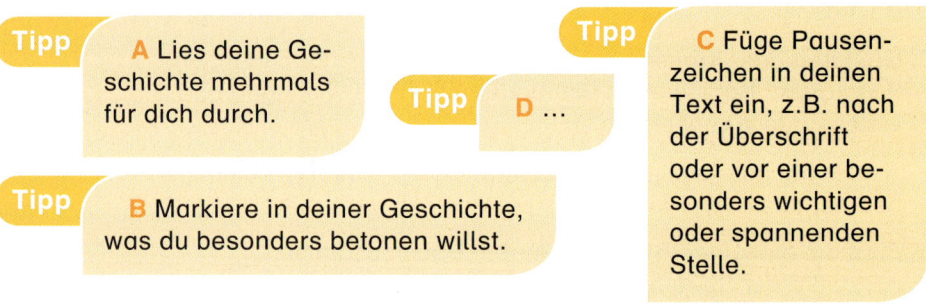

Tipp A Lies deine Geschichte mehrmals für dich durch.

Tipp D ...

Tipp C Füge Pausenzeichen in deinen Text ein, z.B. nach der Überschrift oder vor einer besonders wichtigen oder spannenden Stelle.

Tipp B Markiere in deiner Geschichte, was du besonders betonen willst.

7. Ihr könnt vor dem Vortrag verabreden, ob ihr als Zuhörer auf eine Sache besonders achten wollt: Lesetempo, Pausen, deutliche Aussprache, Betonung, ...

8. Denkt daran, dem Autorenkind für seinen Vortrag Applaus zu geben.

9. In einer Autorenstunde können bis zu drei Autorenkinder vortragen.

10. Ihr könnt eure Vorträge in anderen Klassen oder vor Eltern oder anderen Gästen wiederholen.

Geschichten-Tisch

Auf Geschichten-Tischen werden Geschichten der Kinder einer Klasse vorgestellt. Alle können wählen, wie sie ihre Geschichte zeigen.

Dazu einige Tipps:

Tipp
Lass die Überschrift deiner Geschichte weg. Lege leere Papierstreifen dazu und bitte deine Leser eine Überschrift zu finden.

Tipp
Bring einen Gegenstand mit, der in deiner Geschichte besonders wichtig ist, und verstecke ihn in einem Beutel. Lass deine Leser fühlen, was der Gegenstand mit deiner Geschichte zu tun hat.

Tipp
Male zu deiner Geschichte ein Bild. Bitte deine Leser zu sagen, was von der Geschichte auf deinem Bild zu sehen ist.

Tipp
Bereite den „roten Faden" deiner Geschichte vor. Befestige an einem Faden ungeordnet Kärtchen mit den wichtigen Stellen der Handlung. Bitte deine Leser, die Kärtchen in die richtige Reihenfolge zu bringen.

Tipp
Schreibe wichtige Wörter aus deiner Geschichte auf Kärtchen. Schummle ein Wort darunter, das nicht hineingehört. Lass deine Leser herausfinden, welches.

1. Stellt eure Tische so um, dass ihr gut an ihnen vorbeigehen könnt.

2. Beim ersten Durchgang stellt die eine Hälfte der Klasse ihre Geschichten aus, beim zweiten Durchgang die andere.

3. Die Autorenkinder stehen an ihren Tischen.

4. Die anderen Kinder besuchen nacheinander die Geschichten-Tische, lesen die Geschichten und lösen die Leseaufgaben.

Bildwörterbuch Fremdsprachen
Deutsch · Englisch · Französisch · Türkisch

Wie du Wörter im Bildwörterbuch findest

Deutsche Wörter sind immer **schwarz** geschrieben.

Englische Wörter sind immer **grün** geschrieben.

Französische Wörter sind immer **blau** geschrieben.

Türkische Wörter sind immer **rot** geschrieben.

die Schokolade
chocolate
le chocolat
çikolata

Tipp

Du suchst das englische Wort für „Schokolade".

Schaue zuerst im Inhaltsverzeichnis und überlege, wo das Wort stehen könnte.

Schlage nach und überprüfe deine Vermutung.

Wenn du die richtige Seite im Bildwörterbuch gefunden hast, kannst du zuerst nach dem deutschen Wort und dann nach seiner Übersetzung suchen.

So könnt ihr Sprachen erforschen:

Sammelt Wörter aus verschiedenen Sprachen, die ihr kennt oder schon einmal gehört habt.

Findet Wörter in mehreren Sprachen, die das gleiche bedeuten.

Vergleicht die Wörter miteinander. Wie werden sie ausgesprochen? Wie werden sie geschrieben?

Kennt ihr Sprachen, die mit anderen Schriftzeichen geschrieben werden? Welche Sprachen sind das? Könnt ihr Wörter in dieser Sprache schreiben?

In der Schule · At school · A l'école · Okulda

die Lehrerin
teacher
la maîtresse
öğretmen

der Schüler
pupil
l'élève
öğrenci

die Tafel
board
le tableau
yazı tahtası

der Tisch
table
la table
masa

der Stuhl
chair
la chaise
sandalye

der Computer
computer
l'ordinateur
bilgisayar

der Füller
pen
le stylo
dolma kalem

das Buch
book
le livre
kitap

das Heft
exercise book
le cahier
defter

der Pinsel
paint brush
le pinceau
fırça

der Klebstoff
glue
la colle
zamk

der Spitzer
sharpener
le taille-crayon
kalemtıraş

der Bleistift
pencil
le crayon
kurşunkalem

das Lineal
ruler
la règle
cetvel

die Schere
scissors
les ciseaux
makas

der Radiergummi
rubber
la gomme
silgi

das Federmäppchen
pencil case
la trousse
kalem kutusu

die Schultasche
school bag
le cartable
okul çantası

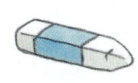

die Kreide
chalk
la craie
tebeşir

der Malkasten
paintbox
la boîte de couleurs
boya kutusu

Zu Hause · At home · A la maison · Evde

die Mutter
mother
la mère
anne

der Vater
father
le père
baba

der Bruder
brother
le frère
erkek kardeş

die Schwester
sister
la soeur
kız kardeş

der Großvater
grandfather
le grand-père
dede

die Großmutter
grandmother
la grand-mère
nine; anneanne

der Onkel
uncle
l'oncle
dayı

die Tante
aunt
la tante
teyze

das Haus
house
la maison
ev

das Fenster
window
la fenêtre
pencere

die Tür
door
la porte
kapı

die Lampe
lamp
la lampe
lamba

der Spiegel
mirror
le miroir
ayna

der Schrank
cupboard
le placard
dolap

das Bett
bed
le lit
yatak

das Schlafzimmer
bedroom
la chambre à coucher
yatak odası

die Küche
kitchen
la cuisine
mutfak

das Badezimmer
bathroom
la salle de bains
banyo odası

das Wohnzimmer
living room
le salon
oturma odası

der Fernseher
TV
la télé
televizyon

Tiere · Animals · Les animaux · Hayvanlar

die Katze
cat
le chat
kedi

der Hund
dog
le chien
köpek

der Hamster
hamster
l'hamster
dağfaresi

das Kaninchen
rabbit
le lapin
adatavşanı

die Maus
mouse
la souris
fare

die Schildkröte
tortoise
la tortue
kaplumbağa

der Fisch
fish
le poisson
balık

die Spinne
spider
l'araignée
örümcek

das Pferd
horse
le cheval
at

das Schaf
sheep
le mouton
koyun

die Kuh
cow
la vache
inek

das Schwein
pig
le cochon
domuz

der Vogel
bird
l'oiseau
kuş

die Ente
duck
le canard
ördek

das Huhn
chicken
la poule
tavuk

der Fuchs
fox
le renard
tilki

der Löwe
lion
le lion
aslan

der Tiger
tiger
le tigre
kaplan

der Bär
bear
l'ours
ayı

der Eisbär
polar bear
l'ours blanc
beyaz ayı

das Krokodil
crocodile
le crocodile
timsah

der Seehund
seal
le phoque
fok

der Pinguin
penguin
le pingouin
penguen

der Delfin
dolphin
le dauphin
yunusbalığı

der Affe
monkey
le singe
maymun

die Giraffe
giraffe
la girafe
zürafa

das Känguru
kangaroo
le kangourou
kanguru

das Kamel
camel
le chameau
deve

der Elefant
elephant
l'éléphant
fil

der Luchs
lynx
le lynx
vaşak

die Schlange
snake
le serpent
yılan

der Dinosaurier
dinosaur
le dinosaure
dinozor

Mein Körper · My body · Mon corps · Benim vücudum

der Kopf
head
la tête
kafa

die Schulter
shoulder
l'épaule
omuz

der Arm
arm
le bras
kol

der Bauch
belly
le ventre
karın

die Hand
hand
la main
el

das Knie
knee
le genou
diz

der Zeh
toe
l'orteil
ayak parmağı

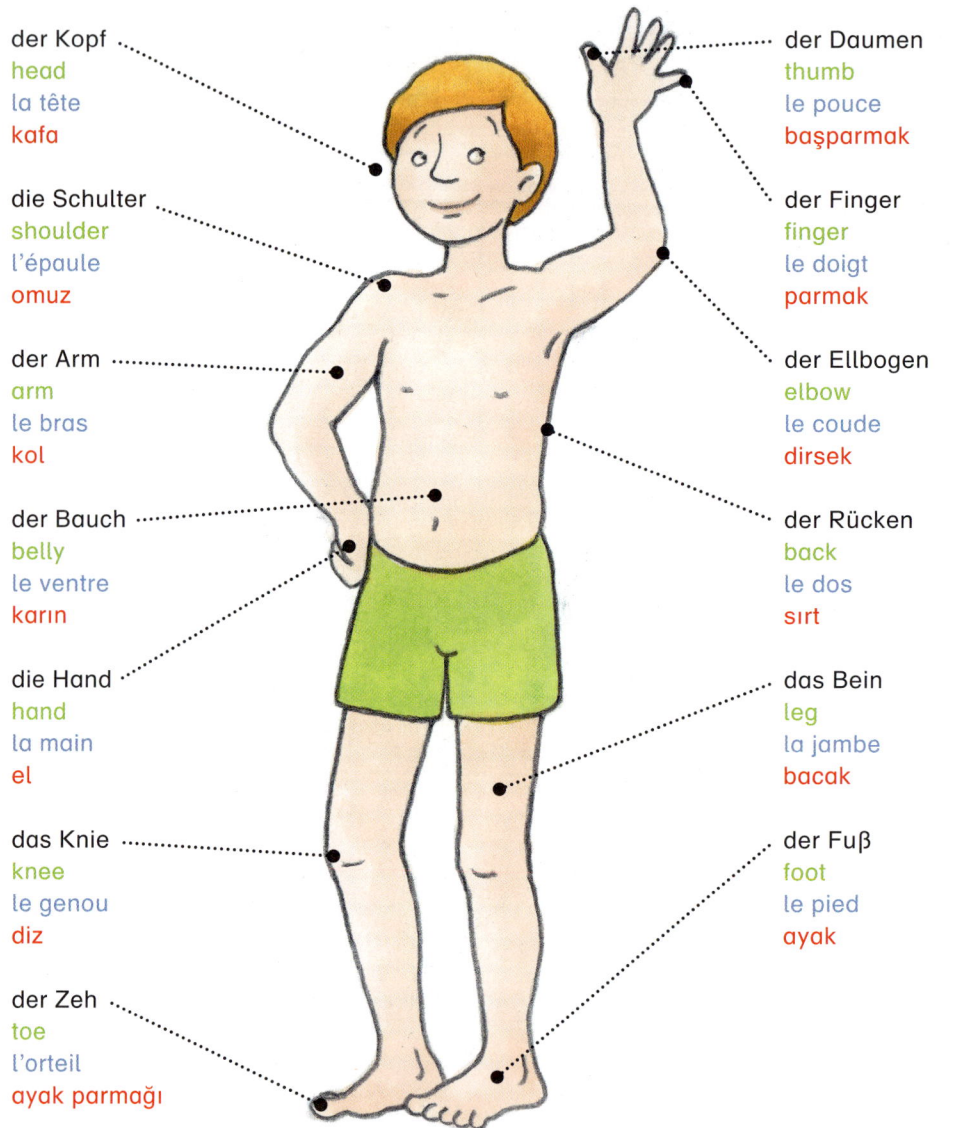

der Daumen
thumb
le pouce
başparmak

der Finger
finger
le doigt
parmak

der Ellbogen
elbow
le coude
dirsek

der Rücken
back
le dos
sırt

das Bein
leg
la jambe
bacak

der Fuß
foot
le pied
ayak

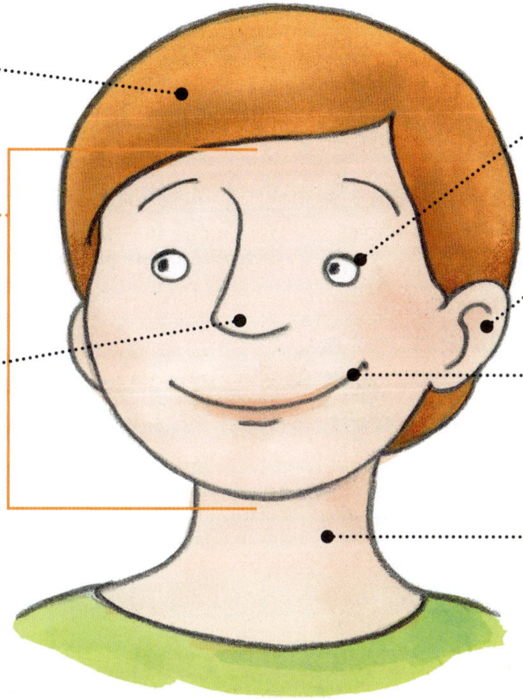

die Haare
hair
les cheveux
saçlar

das Gesicht
face
le visage
yüz

die Nase
nose
le nez
burun

das Auge
eye
l'oeil
göz

das Ohr
ear
l'oreil
kulak

der Mund
mouth
la bouche
ağız

der Hals
neck
le cou
boyun

die Lippen
lips
les lèvres
dudak

die Zähne
teeth
les dents
dişler

die Zunge
tongue
la langue
dil

259

Kleidung · Clothes · Les vêtements · Giyim

die Hose
trousers
le pantalon
pantolon

das Sweatshirt
sweatshirt
le sweat-shirt
kazak

die Schuhe
shoes
les chaussures
ayakkapı

die Jacke
jacket
la veste
ceket

die Kappe
cap
la casquette
başlık

das T-Shirt
T-shirt
le T-shirt
tişört

das Kleid
dress
la robe
elbise

die Jeans
jeans
le jeans
blucin

der Mantel
coat
le manteau
palto

der Pullover
pullover
le pullover
kazak

der Schal
scarf
l'écharpe
şal

der Rock
skirt
la jupe
etek

die Socken
socks
les chaussettes
çorap

die Handschuhe
gloves
les gants
eldiven

die Shorts
shorts
le short
şort

der Schlafanzug
pyjamas
le pyjama
pijama

die Stiefel
boots
les bottes
çizme

der Bikini
bikini
le bikini
bikini

der Badeanzug
swimsuit
le maillot de bain
mayo

die Badehose
swimming trunks
le maillot de bain
mayo

Farben · Colours · Les couleurs · Renkler

rot
red
rouge
kırmızı

blau
blue
bleu
mavi

grün
green
vert
yeşil

gelb
yellow
jaune
sarı

weiß
white
blanc
beyaz

schwarz
black
noir
siyah

lila
purple
violet
mor

braun
brown
marron
kahverengi

pink
pink
rose
pembe

grau
grey
gris
gri

orange
orange
orange
turuncu

ocker
ochre
ocre
okra

türkis
turquoise
turquoise
turkuaz

beige
beige
beige
bej

bunt
coloured
multicolore
karışık renkli

hellblau
light blue
bleu clair
açık mavi

dunkelblau
dark blue
bleu foncé
lâcivert

gepunktet
spotted
pointé
noktalı

gestreift
striped
rayé
çizgili

kariert
checked
quadrillé
kareli

Lebensmittel · Food · Les aliments · Yiyecekler

die Banane
banana
la banane
muz

der Apfel
apple
la pomme
elma

die Apfelsine
orange
l'orange
portakal

die Erdbeere
strawberry
la fraise
çilek

die Birne
pear
la poire
armut

die Ananas
pineapple
l'ananas
ananas

das Obst
fruit
les fruits
meyve

die Möhre
carrot
la carotte
havuç

die Tomate
tomato
le tomate
domates

die Kartoffel
potato
la pomme de terre
patates

die Gurke
cucumber
le concombre
salatalık

das Gemüse
vegetables
les légumes
sebze

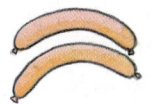

die Würstchen
sausages
les saucisses
sosis

der Käse
cheese
le fromage
peynir

das Ei
egg
l'oeuf
yumurta

das Brot
bread
le pain
ekmek

die Milch
milk
le lait
süt

der Obstsaft
fruit juice
le jus de fruit
meyve suyu

der Joghurt
yoghurt
le yaourt
yoğurt

die Schokolade
chocolate
le chocolat
çikolata

Zahlen · Numbers · Les nombres · Sayılar

0
null
zero
zero
sıfır

1
eins
one
un
bir

2
zwei
two
deux
iki

3
drei
three
trois
üç

4
vier
four
quatre
dört

5
fünf
five
cinq
beş

6
sechs
six
six
altı

7
sieben
seven
sept
yedi

8
acht
eight
huit
sekiz

9
neun
nine
neuf
dokuz

10
zehn
ten
dix
on

11
elf
eleven
onze
on bir

12
zwölf
twelve
douze
on iki

13
dreizehn
thirteen
treize
on üç

14
vierzehn
fourteen
quatorze
on dört

20
zwanzig
twenty
vingt
yirmi

21
einundzwanzig
twenty-one
vingt et un
yirmi bir

100
hundert
hundred
cent
yüz

1000
tausend
thousand
mille
bin

1000000
eine Million
million
millions
bir milyon

Jahreszeiten · Seasons · Les saisons · Mevsimler

der Winter
winter
l'hiver
kış

der Frühling
spring
le printemps
ilkbahar

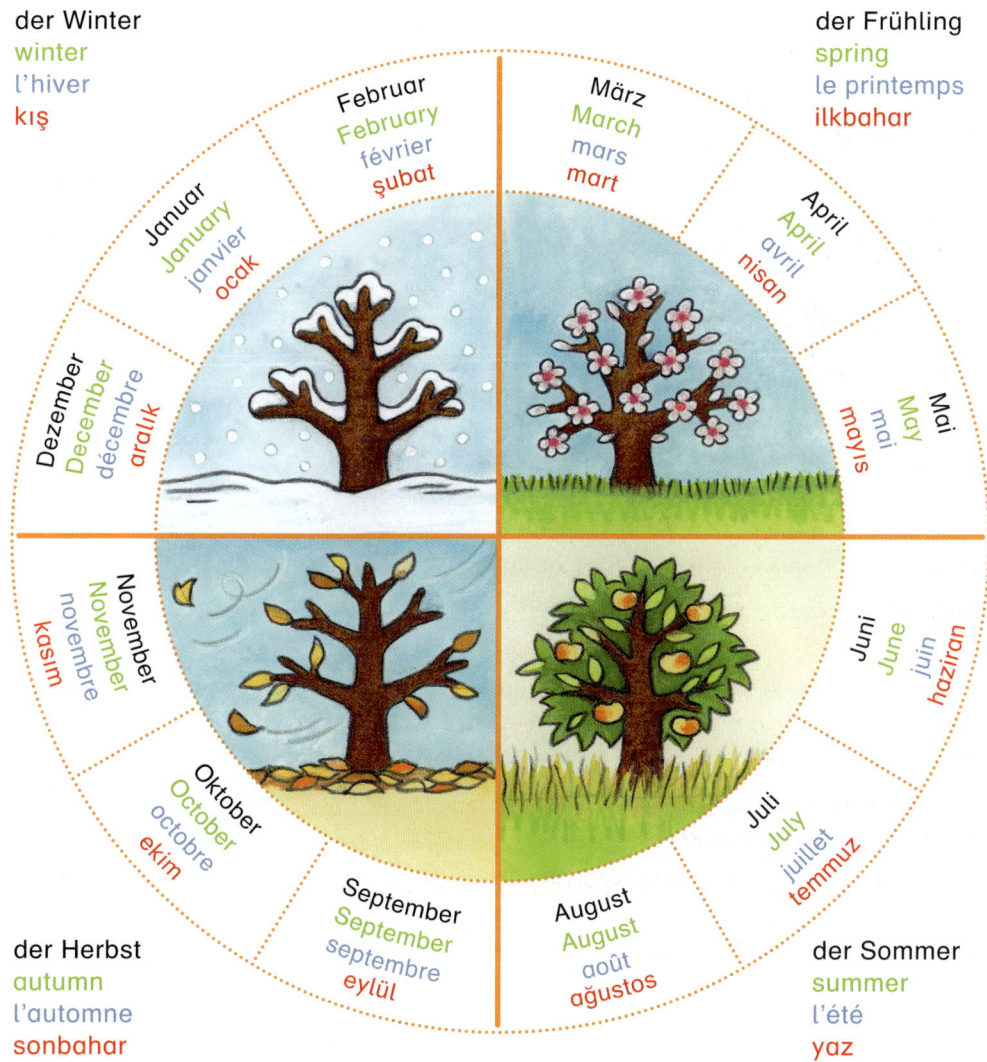

Februar
February
février
şubat

Januar
January
janvier
ocak

Dezember
December
décembre
aralık

März
March
mars
mart

April
April
avril
nisan

Mai
May
mai
mayıs

November
November
novembre
kasım

Oktober
October
octobre
ekim

September
September
septembre
eylül

August
August
août
ağustos

Juli
July
juillet
temmuz

Juni
June
juin
haziran

der Herbst
autumn
l'automne
sonbahar

der Sommer
summer
l'été
yaz

Wochentage · Days of the week ·
Les jours de la semaine · Haftanın günleri

1 Montag
Monday
lundi
pazartesi

2 Dienstag
Tuesday
mardi
salı

3 Mittwoch
Wednesday
mercredi
çarşamba

4 Donnerstag
Thursday
jeudi
perşembe

5 Freitag
Friday
vendredi
cuma

6 Samstag
Saturday
samedi
cumartesi

7 Sonntag
Sunday
dimanche
pazar

Zeit · Time · L'heure · Zaman

der Morgen
morning
le matin
sabah

der Mittag
noon
le midi
öğlen

der Nachmittag
afternoon
l'après-midi
öğleden sonra

der Abend
evening
le soir
akşam

die Nacht
night
la nuit
gece

ein Uhr
one o'clock
une heure
saat bir

viertel nach zwei
a quarter past two
deux heures et quart
ikiyi çeyrek geçiyor

halb drei
half past two
deux heures et demie
üç buçuk

viertel vor fünf
a quarter to five
cinq heures moins le quart
beşe çeyrek var

viertel nach sechs
a quarter past six
six heures et quart
altıyı çeyrek geçiyor

halb neun
half past eight
huit heures et demie
sekiz buçuk

neun Uhr
nine o'clock
neuf heures
saat dokuz

viertel vor zwölf
a quarter to twelve
midi / minuit moins le quart
onikiye çeyrek var

zwölf Uhr
twelve o'clock
midi / minuit
saat oniki

Interessen · Interests · Les intérêts · Ilgi alanı

Fußball spielen
playing football
jouer au football
futbol

Spielen
playing games
jouer
oynamak

Lesen
reading
lire
okumak

Tanzen
dancing
danser
dans etmek

Schwimmen
swimming
nager
yüzmek

Radfahren
riding a bike
faire du vélo
bisiklete binmek

Reiten
riding a horse
faire du cheval
ata binmek

Eislaufen
skating
faire du patin à glace
paten yapmak

Kochen
cooking
cuisiner
pişirmek

Malen
painting
peindre
boyamak

Freunde treffen
meeting friends
rencontrer des amis
arkadaşlarlan
buluşmak

Shoppen
shopping
faire les magasins
alışveriş

Computerspiele
playing computer
games
jouer des jeux
vidéo
bilgisayar oyunları

Fernsehen
watching TV
regarder la
télévision
televizyon
izlemek

Musik hören
listening to music
écouter à la
musique
müzik dinlemek

Gitarre spielen
playing guitar
jouer de la
guitare
gitar çalmak

Auf der Straße · In the street · Dans la rue · Sokakta

die Straße
street
la rue
sokak

das Auto
car
la voiture
araba

das Fahrrad
bike
le vélo
bisiklet

der Zug
train
le train
tren

die Kirche
church
l'église
kilise

der Bus
bus
l'autobus
otobüs

das Kino
cinema
le cinéma
sinema

der Bahnhof
station
la gare
istasyon

das Motorrad
motorbike
le motocycle
motosiklet

das Taxi
taxi
le taxi
taksi

der Krankenwagen
ambulance
l'ambulance
ambülans

der LKW
lorry
le camion
kamyon

die Ampel
traffic lights
le feu
trafik lâmbası

die Bushaltestelle
bus stop
l'arrêt d'autobus
otobüs durağı

der Spielplatz
playground
le terrain de jeux
oyun parkı

die Bank
bench
le banc
bank

Wortart Verb

1. Was tun die Menschen und Tiere? Schreibe die Sätze mit passenden Verben auf. Markiere die Verben farbig.

Der kleine Hund ▬▬▬ laut.

Morgens ▬▬▬ die Kinder in die Schule.

Draußen ▬▬▬ es.

Wir ▬▬▬ heute meinen Geburtstag.

Der Vogel ▬▬▬ über den Garten meiner Großeltern.

Die Frau ▬▬▬ im See.

Alle ▬▬▬ das verlorene Geld.

> Verben beschreiben, was getan wird oder passiert.

2. Lege dir diese Tabelle an. Schreibe in jede Spalte weitere Verben in der Grundform. Für die erste Spalte wirst du die meisten Verben finden.
Tausche dich mit einem anderen Kind aus und ergänze.

-en	-ern	-eln
schwimmen	wandern	paddeln
spielen	...	...
turnen		
...		

> Verben enden in der Grundform mit -en, -ern oder -eln.

3. Schreibe alle Personalformen des Verbs malen auf.

Markiere die Pronomen und die Endungen farbig.

malen

ich male	wir malen
du malst	ihr malt
er malt	
sie malt	sie malen
es malt	

4. kaufen Bilde zu diesem Verb die Personalformen.

Schreibe auf und markiere.

> Verben werden in verschiedenen Personalformen gebraucht.

5. Schreibe die Sätze in der passenden Zeitform auf.

suche • werde suchen • suchte

Gestern _____ ich nach meinem Teddybär.

Heute _____ ich meine Armbanduhr.

Morgen _____ ich wohl meinen Kopf _____ .

> Hier ändert sich der Wortstamm des Verbs. Weitere unregelmäßige Verben findest du ab S. 242.

wird fahren • fuhr • fährt

Gestern _____ meine Mama mich zur Schule.

Heute _____ mein Papa mich.

Morgen _____ wieder meine Mama _____ .

> Verben werden in verschiedenen Zeitformen gebraucht.

Wortart Nomen

1. Welche Namen gibt es für Menschen, Tiere, Pflanzen, …?
Lege dir diese Tabelle an. Schreibe in jede Spalte weitere Nomen.

Menschen	Tiere	Pflanzen
die Frau	der Elefant	die Tulpe
der Koch	das Schwein	das Gras
der Freund	die Fliege	der Salat
…	…	…

Dinge	Gefühle / Gedanken	Ereignisse
das Telefon	die Liebe	der Autounfall
der Stift	der Neid	die Feier
die Schachtel	die Idee	der Spaziergang
…	…	…

> Nomen sind Namen für Menschen, Tiere, Pflanzen, Dinge,
> Gefühle / Gedanken, Ereignisse, …

2. Vergleiche die Bedeutung der beiden Sätze:

- Ich habe **die** Lehrerin auf dem Gang getroffen.
- Ich habe **eine** Lehrerin auf dem Gang getroffen.

Ordne die Aussagen dem passenden Satz zu und besprich
dich mit einem anderen Kind:

- Es war meine Lehrerin auf dem Gang.
- Es war irgendeine Lehrerin auf dem Gang.

bestimmte Artikel	unbestimmte Artikel
der die das	**ein eine**

3. Schreibe zu jedem der folgenden Nomen zwei Sätze:

Heft • Hund • Mama • Blume • Fußball

- mit bestimmtem Artikel, um es genau zu sagen,
- mit unbestimmtem Artikel, um es allgemeiner zu sagen.

> Jedes Nomen hat einen bestimmten und einen unbestimmten Artikel.

ein Vogel   eine Gurke   ein Heft

> Diese Wörter stehen in der Einzahl.

viele Vögel   viele Gurken   viele Hefte

> Diese Wörter stehen in der Mehrzahl.

4. Falte ein Blatt in der Mitte. Schreibe auf die linke Seite 15 Nomen, die dir einfallen. Schreibe auf die rechte Seite jeweils die Mehrzahl dazu. Kontrolliere mit dem Findefix.

> Nomen werden in der Einzahl und in der Mehrzahl gebraucht.

5. Bilde mit den Wörtern **Lehrer**, **Katze** und **Heft** jeweils vier Sätze wie es im Beispiel mit dem Wort Hund gemacht wurde.

1. Fall Wer oder was?	**Der Hund** bellt. 
2. Fall Wessen?	Der Knochen **des Hundes** ist weg.
3. Fall Wem?	Der gelbe Ball gehört **dem Hund**.
4. Fall Wen oder was?	Mia ruft **den Hund**.

Nomen werden in den vier Fällen gebraucht.

Wortart Adjektiv

1. Wie sind die Menschen, Tiere und Dinge? Schreibe mit passenden Adjektiven auf. Markiere die Adjektive farbig.

der _____ Clown

die _____ Blume

die _____ Schüler

die _____ Katze

der _____ Stuhl

Mit Adjektiven kann man Eigenschaften benennen.

2. Überlege dir passende Adjektive, um die Bilder einer Reihe zu vergleichen.
Suche die Adjektive im Findefix und schreibe sie in eine Tabelle.

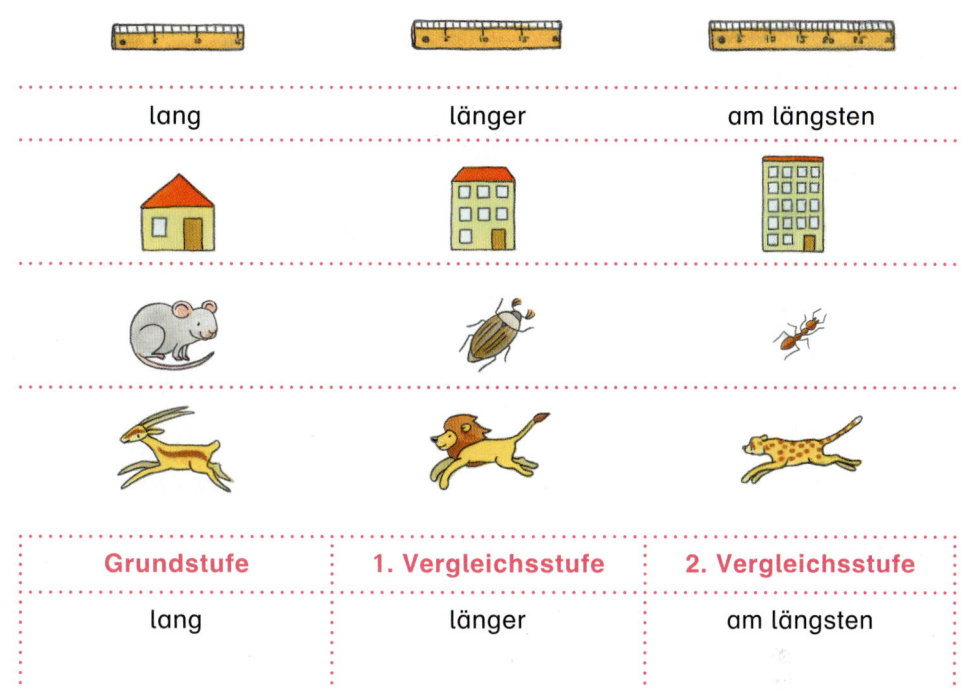

Grundstufe	1. Vergleichsstufe	2. Vergleichsstufe
lang	länger	am längsten

3. Ergänze die Tabelle mit weiteren
Adjektiven und deren Vergleichs-
stufen. Markiere die Gemeinsam-
keiten in der 1. Vergleichsstufe
und in der 2. Vergleichsstufe
farbig und tausche dich mit einem
anderen Kind aus.

Manchmal ändert
sich der Wortstamm,
z.B. alt – älter.

Mit Adjektiven kann man vergleichen.

Wortart Pronomen

1. Setze in die Lücken die passenden Pronomen ein. Schreibe auf.

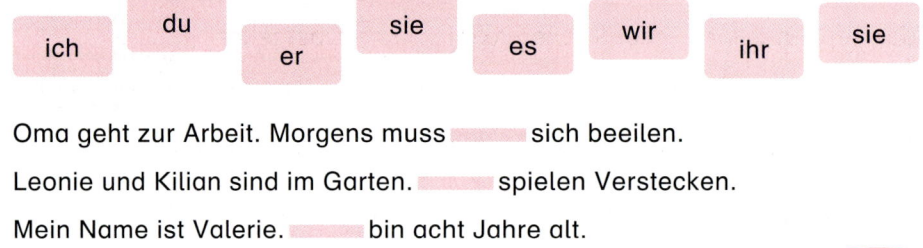

ich · du · er · sie · es · wir · ihr · sie

Oma geht zur Arbeit. Morgens muss ▨▨▨▨ sich beeilen.

Leonie und Kilian sind im Garten. ▨▨▨▨ spielen Verstecken.

Mein Name ist Valerie. ▨▨▨▨ bin acht Jahre alt.

Das Kätzchen miaut. ▨▨▨▨ hat bestimmt Hunger.

> Pronomen können Nomen ersetzen.

> Pronomen brauchst du zum Texte überarbeiten. Siehe Seite 237.

2. Schreibe zu den Pronomen **du**, **er** und **wir**
jeweils vier Sätze wie es im Beispiel mit dem Wort ich
gemacht wurde.

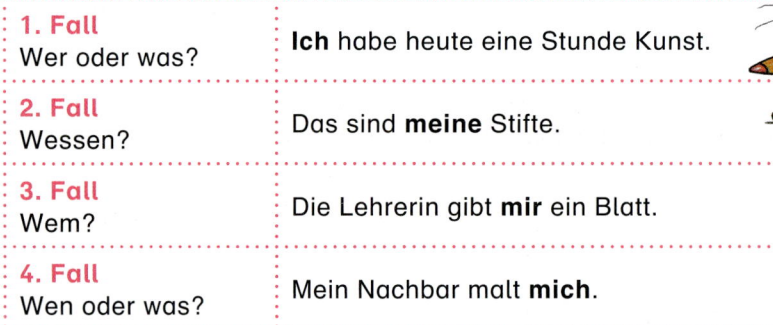

1. Fall Wer oder was?	**Ich** habe heute eine Stunde Kunst.
2. Fall Wessen?	Das sind **meine** Stifte.
3. Fall Wem?	Die Lehrerin gibt **mir** ein Blatt.
4. Fall Wen oder was?	Mein Nachbar malt **mich**.

> Pronomen werden in den vier Fällen gebraucht.

Zusammengesetzte Wörter

der <u>Suppen</u> <u>teller</u>   der <u>Kuchen</u> <u>teller</u>   der <u>Obst</u> <u>teller</u>

Bestimmungswort Grundwort

Zusammengesetzte Wörter helfen mir, etwas genauer zu beschreiben.

Das Bestimmungswort beschreibt das Nomen genauer. Das Grundwort entscheidet über den Artikel des zusammengesetzten Wortes.

1. Schreibe folgende zusammengesetzte Nomen mit Artikel auf.

   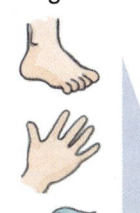   

Manchmal verändert sich das Bestimmungswort am Ende.

2. Setze zu neuen Nomen zusammen.
Schreibe mit Artikel auf und markiere das Grundwort farbig.

turnen +    kühl +    lesen +    bunt +

Zusammengesetzte Nomen können auch aus Verb + Nomen oder Adjektiv + Nomen bestehen.

Satzarten

Wann hast du heute Schulschluss

Toll, wie hell unser Klassenzimmer ist

Ich gehe gern zur Schule

Es werden drei Satzarten mit unterschiedlichen Zeichen am Ende des Satzes unterschieden: Aussagesatz **.**   Fragesatz **?**   Ausruf **!**

1. Lies die Sätze oben. Überlege, welche Satzzeichen an das Ende der Sätze gehören. Schreibe die Sätze mit Satzzeichen auf.

2. Lies die folgenden Sätze halblaut.

Warum findest du das Buch spannend

Bring mir bitte meine CD zurück

Verliere den Schlüssel nicht

Ich esse lieber Gummibärchen

Endlich sind Ferien

Das hätte ich nicht gedacht

Kennst du schon meinen neuen Lieblingsfilm

Wann ist der nächste Ausflug

3. Tausche dich mit einem anderen Kind Satz für Satz aus. Versuche, die Sätze so zu lesen, dass man die Satzart heraushören kann.

4. Schreibe alle Sätze auf. Setze das passende Satzzeichen am Ende.

5. Denke dir zu jeder Satzart zwei Beispielsätze aus. Du kannst sie auch in deinen Texten suchen.

6. Lies den Text halblaut und mache eine Pause, wenn du das Ende eines Satzes vermutest. Überlege, welches Zeichen am Ende des Satzes stehen muss.

> MEHMET UND LUISE HABEN BEIM AUSFLUG
> EIN LEERES NEST IM WALD GEFUNDEN SIE
> UNTERSUCHEN ES NÄHER WELCHER
> VOGEL HAT WOHL DARIN GEBRÜTET WAS
> IST MIT DEN JUNGEN GESCHEHEN SIE
> ZEIGEN DAS NEST IHRER LEHRERIN SIE
> SCHLÄGT VOR DEN FÖRSTER ZU FRAGEN
> DAS IST WIRKLICH EINE GUTE IDEE

7. Tausche dich mit einem anderen Kind Satz für Satz aus. Versuche, die Sätze so zu lesen, dass man die Satzart heraushören kann.

8. Schreibe den Text in richtiger Schreibweise mit Satzzeichen auf. Markiere die Satzzeichen am Satzende und die Großschreibung am Satzanfang farbig.

Wörtliche Rede

Die Reporterin fragt:

„Wie viele Schülerinnen und Schüler besuchen diese Schule?"

Die wörtliche Rede steht häufig zusammen mit einem Begleitsatz.

_____ : „ ~~~~~~~~~~~~~ ?"

Begleitsatz   wörtliche Rede

1. Ergänze die wörtliche Rede der folgenden Sätze mit passenden Begleitsätzen. Verwende als Muster:

_____ : „ ~~~~~~~~~~~ ." „Mein Hamster muss zum Tierarzt."

_____ : „ ~~~~~~~~~~~ ! „Wann hat die Tierärztin Sprechstunde?"

_____ : „ ~~~~~~~~~~~ ?" „Hoffentlich hat er nichts Schlimmes!"

Schreibe die Sätze auf, setze die richtigen Satzzeichen und markiere sie farbig.

2. Ergänze jeden Begleitsatz mit einer passenden wörtlichen Rede. Verwende die Muster wie in Aufgabe 1. Setze die richtigen Satzzeichen und markiere sie farbig.

Die Verkäuferin fragt • Opa erzählt • Die Sportlehrerin erklärt

3. Denke dir je einen Satz nach den Mustern in Aufgabe 1 aus und schreibe sie mit richtiger Zeichensetzung auf. Markiere alle Satzzeichen farbig.

„Mein Lieblingsplatz ist das Hochbett", verrät Sonja.

Manchmal steht der Begleitsatz nach der wörtlichen Rede.

„ ~~~~~~~~~~~ ", _____ .
  wörtliche Rede   Begleitsatz

4. Ergänze die wörtliche Rede der folgenden Sätze mit
passenden Begleitsätzen.
Verwende das Muster „ ~~~~~~~~~ ", _____ .

„Bei vielen Kindern sind Höhlen beliebt."
„Am schönsten sind geheime Lieblingsplätze."
„Alle Kinder haben Lieblingsplätze."

Schreibe auf, setze die richtigen Satzzeichen und markiere sie farbig.
Achte auf das Komma zwischen wörtlicher Rede und Begleitsatz.

5. Denke dir einen Satz nach diesem Muster aus und schreibe ihn mit
richtiger Zeichensetzung auf. Markiere alle Satzzeichen farbig.

„Wie lange hast du an diesem Bild gemalt?", fragt Moritz. ...

„Das ist aber nicht lange!", staunt er.

Hier besteht die wörtliche Rede aus einem Fragesatz bzw. einem Ausruf.
Achte auf das Komma zwischen wörtlicher Rede und Begleitsatz.

„ ~~~~~~~~~~~ ?", _____ .
„ ~~~~~~~~~~~ !", _____ .

6. Denke dir zu jedem der beiden Muster einen Satz aus. Beachte das Komma
zwischen wörtlicher Rede und Begleitsatz auch hier. Markiere alle Satz-
zeichen farbig.

Satzglieder

Wir	gehen	mit der Klasse	in den Zirkus.
Mit der Klasse		gehen wir	in den Zirkus.
In den Zirkus		gehen wir	mit der Klasse.
Gehen wir		mit der Klasse	in den Zirkus?

> Die Teile des Satzes, die man verschieben kann, nennt man **Satzglieder**. Sie können aus einem Wort oder aus mehreren Wörtern bestehen.

1. Bilde aus den folgenden Satzgliedern die Sätze, die möglich sind, und schreibe sie in richtiger Schreibweise auf. Umrahme die Satzglieder.

   KOMMT   HEUTE   IN UNSERE STADT   EIN ZIRKUSWAGEN

2. Schreibe die Sätze auf. Stelle die Satzglieder jedes Satzes um. Schreibe alle Möglichkeiten auf. Umrahme die einzelnen Satzglieder wie oben.

   Die Clowns stolperten über ein Hindernis.

   Atemlos beobachteten die Zuschauer die Seiltänzerin.

   Am Ende der Vorstellung klatschte das Publikum.

3. Schreibe hinter jeden Satz von Aufgabe 2, wie viele Satzglieder du herausgefunden hast. Vergleiche dein Ergebnis mit einem anderen Kind.

4. Suche in deinen Texten Aussagesätze und erprobe das Umstellen. Ein Tipp: Nicht jede Satzstellung ist sinnvoll. Wenn du dir unsicher bist, lies den Satz halblaut.

> Mit dem Umstellen von Satzgliedern kannst du deine Texte verbessern. Sie können so spannender oder abwechslungsreicher werden.

Satzglied: Prädikat

Im Sommer	**öffnet**	der Zoo	um 9.00 Uhr.
Der Zoo	**öffnet**	im Sommer	um 9.00 Uhr.
Um 9.00 Uhr	**öffnet**	der Zoo	im Sommer.

> In Aussagesätzen bleibt ein Satzglied immer an der 2. Stelle.
> Es heißt **Prädikat**. Es ist immer ein Verb.

1. Finde passende Prädikate und schreibe die Sätze auf.
Umrahme die Satzglieder. Markiere das Prädikat farbig.

Viele Besucher   in den Zoo.

Die Eisbärin   mit ihrem Kind.

Du   das neugeborene Löwenbaby.

2. Denke dir unterschiedliche passende Prädikate zu den folgenden Satz-
gliedern aus und bilde damit Sätze. Schreibe sie auf und markiere die
Prädikate farbig.

DIE TIERPFLEGERIN   DIE AFFEN   IM FREIGEHEGE   ...

3. Tausche deine Sätze aus Aufgabe 2 mit einem anderen Kind aus und
vergleiche.

4. Bilde Sätze mit den Verben unten zum Thema „Zoo" und schreibe sie auf.
Verwende Prädikate in unterschiedlichen Personalformen,
z.B.: ich finde, du beobachtest, wir bringen, …

finden • beobachten • pflegen • säubern • füttern • bringen • streicheln

Satzglied: Subjekt

> Nachts schleicht die Katze durch den Wald.
>
> Durch den Wald schleicht nachts ein Indianer.
>
> Wölfe schleichen nachts durch den Wald.

Das Subjekt eines Satzes finde ich mit der Wer-oder-Was-Frage.

1. Stelle die Wer-oder-Was-Frage zu jedem Satz oben.
Schreibe sie mit Antwort auf.

2. Vergleiche mit einem anderen Kind.

3. Vervollständige jeden Satz unten mit einem Subjekt.
Schreibe die Sätze auf und markiere die Subjekte.

> Nachts funkeln   am Himmel.
>
>   freuen sich auf die Ferien.
>
> Im Schwimmbad steht   .

4. Lies einem anderen Kind einen Satz aus Aufgabe 3 vor. Bitte es, das Subjekt des Satzes mithilfe der Wer-oder-Was-Frage zu finden.

5. Schreibe mit einem anderen Kind einen Satz mit mehreren Satzgliedern auf.
Stellt die Wer-oder-Was-Frage und markiert das Subjekt.

Satzglied: Satzergänzung im 4. Fall

Die Trainerin lobt die Mannschaft.

Der Stürmer schießt ein Tor.

Der Tennisspieler sucht den Ball.

Die **Satzergänzung im 4. Fall** finde ich mit der Wen-oder-Was-Frage.

1. Stelle die Wen-oder-Was-Frage zu jedem Satz oben.
   Schreibe sie mit Antwort auf.

2. Vergleiche mit einem anderen Kind.

3. Beantworte jede Frage mit einem vollständigen Satz. Schreibe ihn auf.
   Markiere jede Satzergänzung im 4. Fall.

Wen oder was schleudert Michael?

Wen oder was sieht Judith auf der Straße?

4. Vergleiche mit einem anderen Kind.

5. Ergänze in jedem Satz eine Satzergänzung im 4. Fall.
   Schreibe die Sätze auf und markiere die Satzergänzung im 4. Fall.
   Kontrolliere mit der Wen-oder-Was-Frage.

Tina schreibt   am Tisch.

Mutter liest   .

In der Küche kocht ihr Vater   .

6. Vergleiche mit einem anderen Kind.

Satzglied: Satzergänzung im 3. Fall

> Das Mädchen glaubte dem Jäger.
> Der Hahn stieg der Katze auf den Rücken.
> Der Spiegel antwortete der Königin.

Die **Satzergänzung im 3. Fall** finde ich mit der Wem-Frage.

1. Stelle die Wem-Frage zu jedem Satz oben. Schreibe sie mit Antwort auf.

2. Vergleiche mit einem anderen Kind.

3. Vervollständige jeden Satz mit einer Satzergänzung im 3. Fall.
   Schreibe die Sätze auf.

> Die Zwerge helfen   .
> Die Kinder folgen   .
> Am Ende dankt der König   .

4. Lies einem anderen Kind einen Satz aus Aufgabe 3 vor. Bitte es, die
   Satzergänzung im 3. Fall des Satzes mithilfe der Wem-Frage zu finden.

5. Bilde mit den Verben Sätze. Schreibe sie auf. Kontrolliere mit der Wem-Frage
   und markiere jede Satzergänzung im 3. Fall.

   begegnen • zeigen • geben • gratulieren • gelingen • gehören

6. Vergleiche mit einem anderen Kind.